materialien matériaux materialen

EDITED BY OSCAR RIERA OJEDA
TEXT BY MARK PASNIK
PHOTOGRAPHY BY PAUL WARCHOL

design by oscar riera ojeda and lucas guerra
layout by oscar riera ojeda

EVERGREEN is an imprint of TASCHEN GmbH

© 2008 TASCHEN GmbH
Hohenzollernring 53, D–50672 Köln
www.taschen.com

Original edition:
© 2003 by Rockport Publishers, Inc.
Original title:
Architecture in detail. Materials

German translation:
Nora von Mühlendahl, Ludwigsburg
French translation:
Jacques Bosser, Paris
Dutch translation:
Paulina de Nijs for Deul & Spanjaard, Groningen

ISBN 978-3-8365-0340-2
Printed in China

To Judith and Michael Pasnik, for all your gifts of love.
— MP

For Lisa Pascarelli, whose friendship always exceeds the deepest meaning of this word.
— ORO

einleitung introduction inleiding 7
holz bois hout 14
beton béton beton 42
stein pierre steen 66
metall métal metaal 80
putz plâtre pleisterwerk 110
textile stoffe tissus stoffen 128
kunststoffe synthétiques kunststoffen 146
glas verre glas 162
danksagung remerciements dankbetuiging 192

Die Handschrift des Materials

Viele moderne Gebäude werden vom Detail beherrscht. Dies spiegelt eine komplexe Vorstellung von der Beziehung zwischen Detail und Handwerk, verbunden mit einer Auffassung von Details als „Handschrift". ■ Details sind gewissermaßen Elemente, die ein Architekt der ausführenden Firma vorzugeben hat. Das gezeichnete Detail gibt an „wo die gestalterische Idee die materielle Realität der gebauten Form einbezieht".[1] Ein Detail ist sowohl Idee, Zeichnung als auch gebautes Produkt. Es wird gezeichnet, da es keiner Norm unterliegt. Obgleich Zeichnungen sich heute beliebig vervielfältigen lassen, werden Details gezeichnet, weil sie eigenständige Elemente, häufig, um Carlo Scarpa zu zitieren, „Autografen" des Gebäudes darstellen.[2] Wir zeigen hier also „Handschriften", die auf Materialien beruhen, um Effekte zu erzielen. ■ Viele betrachten Details im Gegensatz zu den blobartigen CAD-Formen als Symbole einer menschlicheren Architektur. Sie werden in poetischen Worten beschrieben und lösen eine nostalgische Sehnsucht nach dem Natürlichen statt des maschinell Erzeugten aus, nach der Authentizität des Handwerklichen, das schon vor langer Zeit der Wirtschaftlichkeit zum Opfer fiel. Im 19. Jahrhundert beklagten William Morris („praktisch alle industriell hergestellte Kunst [ist] hässlich"[3]) und John Ruskin als Pioniere der Arts-and-Crafts-Bewegung in Großbritannien und den Vereinigten Staaten, die Kunst und Leben durch Aufwertung des Handwerks zusammenführen wollte, die negativen Auswirkungen der Mechanisierung auf die Qualität von Produkten und Gebäuden. Dies führte Anfang des 20. Jahrhunderts zu Bauten wie dem Haus Gamble in Pasadena von Charles und Henry Greene (Abb. 1–2), dessen handwerkliche Ausführung hölzerne Zapfen und Keile beweisen sollten. Eine Täuschung, denn der sichtbare Aufbau verbirgt oft moderne Verbindungselemente und lässt Zweifel an der handwerklichen Ehrlichkeit aufkommen.[4] ■ Im Gegensatz zu Morris setzte sich die Moderne für industrielle Produktion ein. Der Deutsche Werkbund suchte Qualität nicht durch das Handwerk zu erreichen, sondern durch die Kontrolle der Techniken der Massenproduktion. Aber obwohl die frühe Moderne sich auf das Detail als Ausdruck der Qualität konzentriert hatte, verschoben sich die Wertvorstellungen um die Jahrhundertmitte hin zum Funktionalismus. Details wurden wieder leblos, bis Scarpa und Louis Kahn die Vorzüge von handwerklicher Bauausführung und Vor-Ort-Entscheidungen als elementare kreative Handlungen aufs Neue aufgriffen.[5] ■ Scarpa betrachtete das Detail als verbindendes Glied zwischen Architekt und Handwerker. Die im Maschinenzeitalter erfolgte Trennung des Gestalters vom Produkt werde durch ihre Zusammenarbeit überbrückt und führe das Handwerk zur Höchstleistung. Scarpas Arbeiten trugen die Spuren eines Bildhauers. Seine Projekte waren technisch hervorragend ausgeführt (Abb. 3–5). Die Beschränkungen eines Handwerks nahmen Einfluss auf den Entwurf; sie wurden verringert, indem das ganze Potenzial des Bauprozesses ausgeschöpft wurde. ■ Während wir Scarpas Bauten wegen ihrer Details bewundern, ist heute die rein handwerkliche Ausführung unrealistisch geworden. Dies trifft auch dann zu, wenn ganze Teams beteiligt sind.[6] Dennoch beklagen wir weder den Verlust des kollektiven Handwerks, noch verfallen wir wieder der Eintönigkeit des Maschinenzeitalters, auch nicht der Detaillosigkeit der Cyber-Architektur. Angesichts der Massenproduktion und des Konsumentenverhaltens wenden wir uns dem Ausdruck des Materials zu. Details werden nicht mehr fantasielos gestaltet, vielmehr hat Taktilität die Handwerksleistung ersetzt. Die Präzision der frühen Moderne wird häufig mit dem Geist des Handgefertigten verbunden. Materialität erfüllt ihre Strenge mit Leben. ■ Handwerkliche Qualität hat Bestand. Wir sehen, dass Kahn so baute, wie das Material es erforderte. Andere Architekten testen Baustoffe in ungewöhnlichen Kontexten. Einige konzentrieren sich auf das Verhältnis von Materialien zueinander. Wieder andere verwenden unelegante Materialien auf elegante Weise. Manche nutzen Materialien auf neue Art, während wieder andere neue Materialien hinzunehmen. ■ Dadurch werden unsere Eindrücke von jedem Bauwerk bereichert. Das Loft in SoHo, New York, von Architecture Research Office (S. 74–75) nutzt die ausgeprägte Äderung des Granits, um eine sehr lebendige Oberfläche zu bilden, während in Holls Cranbrook Institute of Science (S. 188–189) durch gesprenkeltes Glas gebrochenes Licht Farben auf die kahlen Putzflächen wirft. ■

Beim Haus in Colorado von Architecture Research Office gliedert die regelmäßige Struktur der Schindeln aus Cor-Ten-Stahl die Wände (S. 82–83); das Metall gleicht die Glätte von Putz und poliertem Beton aus. Eine perforierte Kupferhaut verkleidet Holls Bürogebäude in der Sarphatistraat (S. 86–87) mit einem gleichmäßigen Muster, das die materiellen Eigenschaften und den Herstellungsprozess expressiv deutlich macht. ■ Jedes Material wird in mehrfacher Anwendung gezeigt, in konventioneller wie auch ungewöhnlicher Form. Marinos Chanel-Geschäft in Osaka hat eine Vorhangfassade aus Klarglas mit einer Zwischenschicht aus weißer Keramik und geätzten Spiegelglasplatten (S. 182–183): Tagsüber ein weißer Kubus, belebt bei Nacht die LED-Hintergrundbeleuchtung seine Außenflächen. Von hinten beleuchtetes Milchglas wirkt völlig anders in einem Treppenhaus des Verkaufsraums für USM-Möbel in New York von MSM Architects (S. 174–177). Die tragenden Stützen sind hinter Schichten aus Glas mit einer Zwischenschicht aus lichtdurchlässigem Kunststoff verborgen. Die Stufen sind 10 cm von der Wand aus Hartglas abgesetzt; sie wirken kristallin und frei schwebend, keine Spur von Handwerksleistung oder Streben nach Aufrichtigkeit. Die Schönheit beruht auf Details, die andere Eindrücke auslösen. ■ Eine andere Strategie ist die Gegenüberstellung. Holls Stretto Haus in Dallas (S. 52–53) stellt die fließende Wirkung von Gussglas dem harten Eindruck des Betons gegenüber. Der Entwurf von Helfand Architecture für DoubleClick in New York (S. 156–157) zeigt das Zusammenspiel preiswerter industrieller Materialien. Beide Bauten profitieren von den qualitativen Unterschieden der Materialien und den gegensätzlichen Fabrikationsmethoden. Hier rahmen massenproduzierte Blocksteine einzigartige Formen aus Glas; dort sind laminierte Holzfaserplatten gegen einheitlich gefertigte Kunststoffformen gesetzt. ■ Noch bemerkenswerter ist die Kompromisslosigkeit der materiellen Uniformität. Das Bally-Geschäft in Berlin von Bassam (S. 30–33) verwendet für die zahlreichen Oberflächen nur ein einziges schweizerisches Standardprodukt. Die Komplexität beruht auf der strengen Konsequenz; das Material wurde mit großer Präzision von einem Möbeltischler verlegt. Durch Anpassung des Materials an das dreidimensionale Terrain werden die Verbindungsstellen hervorgehoben. Ähnlich verändert sich die hölzerne Oberfläche in Koolhaas' Prada Store in SoHo, New York (S. 158–159), vom Boden über das Treppenhaus bis zu den Theatersitzen: Das einheitliche Material verdeckt die vielfältigen Funktionen unter exotischem Zebraholz. ■ Es ist nicht verwunderlich, dass zeitgenössische Details eine derart unbegrenzte Formenfreiheit aufweisen: Viele Meisterarchitekten des 20. Jahrhunderts verließen sich auf die Kraft der materiellen Details. Scarpa verband Vergangenheit und Gegenwart mit Tischlerarbeiten und vereinte da-

fassung in steinernen Zierleisten, die mehr als ihre materielle Qualität ausdrückten; sie waren Symbole für die zwischen Wand und Decke wirkenden Kräfte. Aus diesen Details wird durch die Strukturen, die sie hervorheben oder aufnehmen, durch ihre Üppigkeit, ihre Strenge oder ihre Zurückhaltung etwas Bedeutenderes. Die Projekte umfassen das gesamte Potenzial des Materials, um uns anzusprechen, und zeigen uns darüber hinaus die Handschrift des Architekten. Le Corbusier berief sich auf diese zusätzliche Präsenz: „Man macht mit ihnen [den Materialien] Häuser oder Paläste; das ist Sache der Konstruktion. Der Erfindungsgeist ist am Werk. Aber mit einem Mal greift es mir ans Herz […], ich sage: Das ist schön. Das ist Baukunst. Das ist Kunst."[8] ■ Aber die Vorstellung von einer Kunst des Materials ist vielleicht ebenso romantisch wie im 19. Jahrhundert das Beharren auf einer Rückkehr zum Handwerk. Peter Zumthor fordert uns heraus, Schönheit von einem anderen Standpunkt aus zu betrachten. Über sein Kunsthaus in Bregenz schreibt er, es sei „genau das, was man sieht und berührt […], ein steinerner Körper aus Gussbeton".[9] Beziehen diese Details ihre Kraft möglicherweise daraus, dass das Material sein eigenes Leben annimmt?

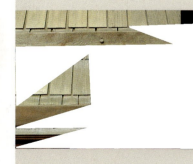

durch Artefakte mit seinen Eingriffen. Seine Materialien beziehen einander und uns ein. Kahns edle Materialien sollten sowohl die Einflüsse des Wetters wie auch den täglichen Lauf des natürlichen Lichts auf ihren Oberflächen auffangen (Abb. 6–8). Frank Lloyd Wrights natürliche Materialien wurden mit Verbindungen zwischen außen und innen detailliert gestaltet und zeugen von seinem Bemühen, die Grenzen zwischen Natur und Architektur aufzuheben. Mies van der Rohe brachte präzise Details an seinen Fassaden an; die Materialien wurden maschinell verarbeitet, jedoch mit einer für die Maschinenästhetik ungewöhnlichen Eleganz (Abb. 9–11). Sie alle verwendeten und verließen sich auf Materialien, um ihre Vorstellungen zu untermauern. ■ Die romantischen Ideen vom Handwerk mögen überholt sein, aber seine Effekte, sein Charakter und seine emotionale Wirkung bleiben in der Lebendigkeit der Materialien bestehen. Hier sei an den modernen italienischen Architekten Luigi Moretti erinnert, der die Verdichtung der Realität für die entscheidende Kraft der Kunst hielt. Die Kunst sei eine Form der Darstellung, die Energie in einer dem realen Leben weit überlegenen Dichte auslösen müsse.[7] Er erkannte diese Auf-

Anmerkungen
1 Ashley Schafer und Amanda Reeser, „Defining Detail", *Praxis*, 1 (2000), S. 4. ■ 2 Nicholas Olsberg, „Introduction", *Carlo Scarpa Architect: Intervening with History* (New York: The Monacelli Press, 1992), S. 13. ■ 3 Nikolaus Pevsner, *Wegbereiter moderner Formgebung* (Köln: Dumont, 1983), S. 20. ■ 4 A. a. O., S. 25. ■ 5 George Ranalli, „History, Craft, Invention", *Carlo Scarpa Architect: Intervening with History*, a. a. O., S. 40. ■ 6 Peggy Deamer, „Detail: The Subject of the Object," *Praxis*, 1 (2000), S. 108–115. ■ 7 Luigi Moretti, „The Values of Profiles", *Oppositions*, Bd. 4 (Oktober 1974), S. 116. ■ 8 Le Corbusier, *Ausblick auf eine Architektur*, 1922, 4. Auflage (Braunschweig/Wiesbaden: Friedr. Vieweg & Sohn, 1982), S. 151. ■ 9 Peter Zumthor, *Kunsthaus Bregenz* (Ostfildern: Hatje Cantz, 1999), S. 13.

Bildlegenden und -nachweise
Abb. 1–2: Charles und Henry Greene, Haus Gamble, Pasadena, Kalifornien, 1908. ■ Abb. 3–5: Carlo Scarpa, Grabstätte der Familie Brion, San Vito d'Altivole, Italien, 1978. ■ Abb. 6–8: Louis Kahn, Kimbell Art Museum, Fort Worth, Texas, 1972; Salk Institute for Biological Studies, La Jolla, Kalifornien, 1965. (Die Abbildungen 1–8 wurden von Doug Dolezal zur Verfügung gestellt.) ■ Abb. 9–11: Ludwig Mies van der Rohe, Seagram Building, New York, 1958. Fotos von Paul Warchol.

« L'autographe » du matériau

Une grande partie de l'architecture contemporaine témoigne d'une obsession du détail. Elle reflète à la fois une vision complexe de la relation entre celui-ci et le travail artisanal, et un concept de « signature ». ■ À un certain moment, les détails sont des éléments techniques qui doivent être communiqués par l'architecte à celui chargé de les réaliser. Le détail qui fait l'objet d'un plan, d'un dessin, signale « un dialogue de l'idée conceptuelle avec la réalité matérielle de la forme construite ».[1] Un détail est une idée, un dessin, un produit fini. Il est spécialement dessiné parce qu'il n'est pas une solution standard. Bien qu'un dessin puisse être aujourd'hui aisément reproduit, les détails sont encore dessinés parce qu'ils représentent des moments forts de la création originale et souvent, pour citer Carlo Scarpa, « l'autographe » du bâtiment.[2] Nous présentons ici des « autographes » qui reposent sur des matériaux pour déployer leurs effets. ■ Beaucoup voient dans les détails les symboles d'une architecture plus humaine que celle des formes obtenues à l'aide des techniques de conception assistée par ordinateur. Ils les décrivent avec poésie, nourrissent une nostalgie pour le primat de la nature sur la machine, pour l'authenticité du travail artisanal compromise depuis longtemps par les contraintes économiques. Au XIXe siècle, les effets de la mécanisation sur la qualité des produits et de l'architecture furent critiqués par William Morris (« Pratiquement tout ce qui est art industriel [est] grossier »[3]) et Ruskin, deux des pionniers du mouvement des Arts and Crafts en Grande-Bretagne et aux États-Unis qui proposaient de réintégrer l'art dans la vie et de redonner à l'artisan tout son rôle, ce qui

sculpteur. Ses projets faisaient appel à une gamme étendue de techniques raffinées (ill. 3–5). Les limitations des arts appliqués étaient prises en compte par la conception, pour leur redonner une nouvelle liberté à la lumière du test des processus de construction. ■ Si nous admirons les œuvres de Scarpa pour leurs détails, l'immersion totale dans un processus artisanal est aujourd'hui irréaliste. Il en va de même lorsque des équipes entières doivent être appelées.[6] Cependant, nous ne nous lamentons pas sur la perte de la collaboration artisanale, ni ne souhaitons retourner aux contraintes mortifères de l'ère machiniste, ni à l'univers privé de détails de la cyber-architecture. Face à la production en série et à la culture de consommation, nous pouvons nous tourner vers l'expression des matériaux. Les détails ne sont pas pauvrement exécutés, mais la tactilité a remplacé le savoir-faire de l'artisan. Beaucoup associent la précision de l'ancien modernisme à l'esprit du travail manuel. La matérialité fait vibrer la rigueur. ■ Les qualités artisanales persistent. Nous voyons ainsi Kahn s'appuyer sur ce que les matériaux « veulent » être. D'autres les testent dans des contextes inusités. Certains concepteurs se concentrent sur les relations qu'entretiennent les matériaux entre eux ou se servent de matériaux inélégants mais avec élégance, ou les utilisent de façon nouvelle ou encore préfèrent des matériaux nouveaux. ■ Notre expérience de chaque projet peut ainsi s'enrichir. Le loft de ARO à Soho (p. 74–75) utilise par exemple les veinures d'un granit artistiquement mis en place pour créer un motif plein de force tandis qu'à l'Institute of Science of Cranbrook (p. 188–189), de Holl, la lumière est réfractée par des verres de qualités différentes sur des plans de plâtre nu. ■ Dans

aboutit à des réalisations comme la maison Gamble de Charles et Henry Greene à Pasadena au début du XXe siècle (ill. 1–2). Son assemblage manuel était mis en valeur par des cales et des chevilles de bois, mais était en fait trompeur car il masquait parfois des systèmes de fixation modernes, ce qui aurait jeté un doute sur l'authenticité artisanale souhaitée.[4] ■ À la différence de Morris, le modernisme se rallia à la machine. Le Deutscher Werkbund recherchait la qualité dans le contrôle des techniques de production de masse plutôt que dans l'artisanat. Malgré l'investissement précoce du modernisme dans le détail considéré comme l'expression de la qualité, les valeurs avaient déjà émigré vers le fonctionnalisme au milieu du siècle. Les détails perdirent à nouveau leur sens jusqu'à ce que Scarpa et Louis Kahn reviennent « à l'idée de savoir-faire, de méthode de construction et d'inventions sur le terrain, actes ultimes de la création ».[5] ■ Scarpa voyait dans le détail un lien enrichissant entre l'architecte et l'artisan. La division entre le designer et le produit imposée par l'ère machiniste pouvait être réduite pour rendre tout son sens au travail artisanal. Ce qu'obtint l'architecte italien évoquait parfois les traces des doigts d'un

la maison Colorado de ARO, la répétition de la texture des shingles en acier Corten rythme les murs (p. 82–83), le métal contraste avec l'aspect lisse du plâtre et du béton poli. Une peau de cuivre perforée gaine les bureaux de Sarphatistraat par Steven Holl (p. 86–87) selon un motif répétitif de perforation qui évoque avec expressivité les qualités de ce métal et ses processus de fabrication. ■ Chaque matériau se prête à une gamme d'usages, certains conventionnels, d'autres inattendus. Le magasin Chanel de Marino à Osaka possède un mur-rideau de verre clair à couche intermédiaire en céramique et panneaux en verre réfléchissant givré (p. 182–183). Cube blanc le jour, il est animé la nuit par un rétro-éclairage en LEDs. Un verre laiteux également rétro-éclairé se comporte de façon très différente dans l'escalier du showroom des meubles USM à New York (MSM Architects, p. 174–177). Les supports structurels sont dissimulés derrière des strates de verre dans lesquelles a été intercalé un film plastique translucide. Détachées de 10 cm des murs en verre tramé, les marches cristallines donnent l'impression de flotter librement. Aucune évidence ici de travail manuel ou d'effort « d'honnêteté » : la beauté repose sur des détails qui renvoient à d'autres impressions. ■ Une des stratégies utilisées est la juxtaposition. La maison Stretto de Holl à Dallas (p. 52–53) met en scène le contraste entre la fluidité du verre moulé et la rigidité impérieuse du béton. Le projet de Helfand Architecture pour DoubleClick à New York (p. 156–157) met en valeur une relation entre matériaux industriels bon marché. Dans les deux cas, ces rapprochements s'appuient sur la différence entre les qualités des matériaux et sur des techniques de fabrication mises en opposition. Ici, des parpaings fabriqués en grande série encadrent des pans d'un verre spécial, là des panneaux en fibre de bois stratifié sont confrontés à un plastique uniforme d'origine industrielle. ■ Plus remarquable encore est l'intransigeance de l'uniformité. Le magasin Bally de Bassam à Berlin (p. 30–33) fait appel à un produit suisse standard, le bois, pour habiller ses multiples plans intérieurs. La complexité de l'ensemble dépend d'une régularité rigoureuse qui tient à la précision du matériau par un ébéniste. Les joints sont traités en fonction de la réponse du matériau à cette mise en relief. De façon similaire, l'immense étendue de bois qui recouvre le magasin Prada de Koolhaas à New York (p. 158–159) donne forme au sol, à l'escalier et jusqu'à une sorte de théâtre : la continuité du matériau englobe la variété des conditions d'un manteau de bois exotique, le zebrano. ■ Il n'est pas surprenant que les détails aient retrouvé autant de liberté en architecture contemporaine. De nombreux maîtres du XXᵉ siècle comptaient beaucoup sur le pouvoir des détails matériels. Scarpa soudait le présent et le passé dans des joints travaillés qui unifiaient des artefacts et ses interventions. Ses matériaux dialoguaient entre eux … et nous. Les matériaux nobles de Kahn voulaient absorber motifs qu'ils projettent ou intègrent, dans leur richesse, leur austérité voire leurs supercheries. Beaucoup de projets mettent pleinement à profit leur capacité à nous toucher et nous offrent quelque chose de plus, la signature de l'architecte. Le Corbusier évoquait cette présence supplémentaire : « On met en œuvre [des matériaux], on en fait des maisons et des palais, c'est de la construction. L'ingéniosité travaille. Mais tout à coup, vous me prenez au cœur […], je dis : c'est beau. Voilà l'architecture. L'art est ici. »⁸ ■ Mais l'idée d'un art du matériau peut devenir aussi romantique que l'insistance du XIXᵉ siècle sur le retour au travail manuel. Zumthor nous défie de voir la beauté d'un autre point de vue. Sur sa Kunsthaus de Bregenz, il écrit : « Le bâtiment est exactement ce que nous voyons et touchons … un corps froid en béton coulé. »⁹ Ces détails tireraient-ils leur force d'un matériau doté d'une vie qui lui serait propre ?

dans leur surface à la fois les effets du temps et le cheminement de la lumière naturelle (ill. 6–8). Ceux, naturels, de Frank Lloyd Wright, participaient par leur traitement à l'interpénétration entre le dedans et le dehors, et réaffirmaient sa tentative de brouiller les frontières entre nature et architecture. Mies van der Rohe disposait sur ses façades des détails dessinés avec précision : les matériaux étaient usinés mais avec une élégance rare pour les canons de l'esthétique machinique (ill. 9–11). Tous appréciaient les matériaux et en dépendaient pour nourrir leur approche. ■ La notion romantique du travail artisanal a peut-être disparu, mais ses effets, son caractère et son émotion demeurent à travers la vitalité de matériaux, ce qui rappelle l'architecte moderniste italien Luigi Moretti pour lequel une des grandes forces de l'art résidait dans « la condensation de la réalité ». L'art est « une représentation » qui « doit relâcher une densité d'énergie très supérieure à la vie réelle ».⁷ Il voyait l'illustration de ce concept dans les moulures de pierre qui représentent davantage que leur simple qualité matérielle, et signalaient les forces en jeu entre le plafond et le mur. Les détails de ce type s'élèvent à quelque chose de plus grand qu'eux dans les

Notes
1 Ashley Schafer et Amanda Reeser, « Defining Detail », *Praxis*, 1 (2000), p. 4. ■ 2 Nicholas Olsberg, introduction à *Carlo Scarpa Architect: Intervening with History*, The Monacelli Press, New York, 1992, p. 13. ■ 3 Nikolaus Pevsner, *Pioneers of Modern Design*, Penguin Books, New York, 1978, p. 20. ■ 4 Ibid., p. 25. ■ 5 George Ranalli, « History, Craft, Invention » in *Carlo Scarpa Architect: Intervening with History*, The Monacelli Press, New York, 1992, page 40. ■ 6 Peggy Deamer, « Detail: The Subject of the Object », *Praxis*, 1 (2000), p.108–115. ■ 7 Luigi Moretti, « The Values of Profiles », *Oppositions*, vol. 4 (octobre 1974), p. 116 ■ 8 Le Corbusier, *Vers une architecture*, Champs Flammarion, Paris, 1995, p. 145 ■ 9 Peter Zumthor, *Kunsthaus Bregenz*, Hatje Cantz, Ostfildern, 1999, p. 13.

Légendes et crédits
Illustrations 1-2 : Charles et Henri Greene, maison Gamble, Pasadena, Californie, 1908. ■ Illustrations 3-5 : Carlo Scarpa, tombe de la famille Brion, San Vito d'Altivole, Italie, 1978. ■ Illustrations 6-8 : Louis Kahn, Kimbell Art Museum, Fort Worth, Texas, 1972 ; Salk Institute for Biological Studies, La Jolla, Californie, 1965. (Photos 1-8 avec l'aimable autorisation de Doug Dolezal). ■ Illustrations 9-11 : Ludwig Mies van der Rohe, Seagram Building, New York, 1958 ; photos Paul Warchol.

De signatuur van het materiaal

Veel hedendaagse architectuur kent een obsessie voor details die een complex beeld van de relatie tussen detail en vakmanschap weerspiegelt en die de details ziet als 'signaturen'. ■ Op een bepaalde manier zijn details objecten die een architect moet weten over te brengen op de aannemer. Het getekende detail markeert "waar het designidee de materiële werkelijkheid van de gebouwde vorm ontmoet".[1] Een detail is idee, dan tekening, dan gebouwd product. Het wordt getekend omdat het niet standaard is. Hoewel een tekening tegenwoordig vermenigvuldigd kan worden, worden details getekend omdat ze momenten van originaliteit zijn en vaak, om Carlo Scarpa te citeren, een "signatuur van het gebouw".[2] We presenteren dus 'signaturen' die afhankelijk zijn van materialen om het beoogde effect te bereiken. ■ Velen zien details als symbolen van een meer menselijke architectuur en niet zozeer als de uit puntjes bestaande computerontwerpen en ze beschrijven ze op poëtische wijze met een nostalgie naar het natuurlijke, naar authenticiteit die omwille van de economie verloren is gegaan. In de negentiende eeuw werd het effect van de mechanisatie op de kwaliteit van producten en architectuur ten strengste afgekeurd door William Morris ("bijna alle industriële kunst is lomp"[3]) en John Ruskin, de pioniers van de Arts-and-craftsbeweging in Groot-Brittannië en de Verenigde Staten, die voorstelden kunst en leven weer te integreren door het handwerk in ere te herstellen. Dit leidde tot werken als Charles en Henry Greenes vroegtwintigste-eeuwse Gamble House in Pasadena (fig. 1–2), waarbij de handgemaakte constructie zichtbaar is in de houten pennen en balken. Helaas dekken de zichtbare materialen vaak moderne bevestigingsmethoden

ambacht met de huidige architectuur is onrealistisch. Dit geldt ook als een heel team bij een project betrokken is.[6] Dit betreuren we echter niet en we willen evenmin een einde van het machinetijdperk of de detailloze wereld van de cyberarchitectuur. In een wereld van massaproductie en consumptie richten we ons op materiële expressie. Details worden niet slecht uitgevoerd, maar tastbaarheid heeft het ambacht vervangen. Velen combineren de precisie van het oude modernisme met de sfeer van het handgemaakte. Materiaal voorziet de strengheid van levendigheid. ■ Ambachtelijke kwaliteit blijft bestaan. We zien Kahn ingaan op wat materialen 'willen' zijn. Anderen proberen materialen toe te passen in een ongebruikelijke context. Sommige ontwerpers concentreren zich op de materialen in relatie tot elkaar. Weer anderen proberen onelegante materialen op een elegante manier te verwerken, gebruiken materialen op een nieuwe manier of integreren nieuwe materialen in hun werken. ■ Op die manier wordt onze beleving van een bouwwerk verrijkt. ARO's loft in SoHo, New York, (blz. 74–75) plaatst stukken geaderd graniet spiegelbeeldig tegen elkaar, waardoor een zeer figuratief oppervlak ontstaat, terwijl in het Cranbrook Institute of Science van Holl (blz. 188–189) verschillende soorten glas zorgen voor kleurschakeringen op de lege, gepleisterde muren. ■ In ARO's Colorado House zorgt de herhaling van houten shingles voor textuur in de muren (blz. 82–83); het metaal is in evenwicht met de gladheid van het pleisterwerk en het beton. Een geperforeerde koperen schil omkleedt Holls kantoren in de Amsterdamse Sarphatistraat (blz. 86–87) met een patroon van zich herhalende doorboringen, waardoor de kwaliteiten van het materiaal en het productieproces beter tot hun recht komen.

af, waardoor we gaan twijfelen aan de authenticiteit.[4] ■ In tegenstelling tot Morris omarmde het modernisme de machine. De Deutscher Werkbund zocht kwaliteit door de beheersing van massaproductietechnieken in plaats van handwerk. Maar ondanks de investering van de vroege modernisten in details als uitdrukkingen van kwaliteit ging men halverwege de eeuw de kant op van het functionalisme. Details werden weer levenloos, tot Scarpa en Louis Kahn terugkeerden naar "het idee van ambacht, constructiemethoden en oplossingen ter plaatse als de ultieme creatieve handelingen".[5] ■ Scarpa zag het detail als een verbindingsstuk tussen architect en ambachtsman. De scheiding tussen ontwerper en product die ontstond in het machinetijdperk wordt overbrugd door hun samenwerking om het ambacht te optimaliseren. Scarpa's resultaten doen denken aan de sporen die een beeldhouwer op zijn werk achterlaat. In zijn projecten zien we uiteenlopende, zeer verfijnde technieken (fig. 3–5). De beperkingen van een ambacht informeerden het ontwerp, dat ze aanpaste door het potentieel van de constructieprocessen te testen. ■ We bewonderen Scarpa's gebouwen om de details, maar een totale versmelting van het

■ Elk materiaal kan op verschillende manieren gebruikt worden, soms conventioneel, soms onverwacht. Marino's Chanelwinkel in Osaka heeft een wand van helder glas met een witte, keramische tussenlaag en panelen van geëtst spiegelglas (blz. 182–183): overdag een witte kubus en 's avonds zorgt led-verlichting voor verlevendiging van de oppervlakken. Melkglas dat van achteren wordt aangelicht werkt weer heel anders bij een trap in de showroom van USM Furniture in New York van MSM Architects (blz. 174–177). De ondersteunende constructie wordt verhuld door lagen van glas met een doorschijnende kunststof tussenlaag. De treden komen 10 cm los van de wand van melkglas, waardoor ze lijken te zweven. Hier is geen verwijzing naar handwerk of een streven naar 'eerlijkheid': de schoonheid schuilt in de details die naar andere ideeën verwijzen. ■ Een strategie kan ook tegenoverelkaarplaatsing zijn. In Holls Stretto House in Dallas (blz. 52–53) contrasteert het vloeiende, gegoten glas met het harde beton. Het ontwerp van Helfland Design voor DoubleClick in New York (blz. 156–157) bestaat uit een samenspel van goedkope industriële materialen. In beide gevallen doen de ontwerpen hun voordeel met de verschillen in materiaalkwaliteiten en de contrasterende ver-werkingstechnieken. Massaal geproduceerde blokken om-lijsten unieke glazen vormen; gelamineerde houten panelen zijn afgezet tegen uniform vervaardigd plastic. ■ Nog op-merkelijker is de aanhoudende materiële uniformiteit. De Ballywinkel in Berlijn van Bassam (blz. 30–33) maakt gebruik van een typisch Zwitsers product op veel van de oppervlak-ken. De complexiteit ontstaat door een rigoureuze consis-tentie, waarbij het materiaal zeer secuur is verwerkt door een meubelmaker. De naden worden benadrukt door de re-actie van het materiaal op de driedimensionale ruimte. Het-zelfde geldt voor de houten oppervlakken in Rem Koolhaas' Pradawinkel in SoHo (blz. 158–159). Deze transformeert van vloer tot tribuneachtige zitplaatsen: de continuïteit van het materiaal verhult een reeks condities onder het exotische zebranohout. ■ Het is niet gek dat contemporaine details zo'n oneindige vrijheid kennen: veel twintigste-eeuwse meesters waren afhankelijk van de kracht van materiaalde-tails. Scarpa verenigde heden en verleden in verbindingsde-tails die objecten en interventies verenigden. Zijn materialen werken op elkaar in – en op ons. Kahns edele materialen waren bedoeld om zowel het effect van het weer als de ver-anderlijkheid van het licht op hun oppervlakken te absorbe-ren (fig. 6–8). Frank Lloyd Wrights natuurlijke materialen waren gedetailleerd en maakten een verbinding tussen bin-nen en buiten in een poging de grenzen tussen natuur en ar-chitectuur op te heffen. Mies van der Rohe bracht zeer exac-te details aan op zijn façades: de materialen waren machinaal vervaardigd, maar met een elegantie die onge-bruikelijk was voor de machine-esthetiek (fig. 9–11). Ieder-een baseerde zich op en was afhankelijk van materialen als

zo romantisch als de negentiende-eeuwse roep om een te-rugkeer naar het ambacht. Zumthor daagt ons uit schoon-heid vanuit een ander standpunt te bekijken. Over zijn Bre-genz Kunsthaus schrijft hij dat "het gebouw precies dat is wat we zien en aanraken (...): een vormgegeven, stenen li-chaam".[9] Zouden deze details hun kracht kunnen ontlenen aan een materiaal dat tot leven komt?

ondersteuning van de benadering. ■ Het romantische idee van het ambacht mag dan verdwenen zijn, de effecten, het karakter en de emotie blijven aanwezig in de levendigheid van de materialen, waarbij we teruggrijpen op de Italiaanse modernistische architect Luigi Moretti: de belangrijkste kracht van kunst is het "condenseren van de realiteit". Kunst is een "representatie" die "een dichtheid van energie moet losmaken die superieur is aan het werkelijke leven".[7] Hij identificeerde deze opmerking met stenen lijstwerk: het ver-tegenwoordigde meer dan zijn materiële kwaliteit en was een aanwijzing van het spanningsveld tussen muur en pla-fond. Deze details groeien uit tot iets groters in de patronen die zij weergeven of absorberen, in hun rijkdom, soberheid of misleiding. De projecten maken volledig gebruik van de ma-teriële capaciteit om iets bij ons teweeg te brengen en bieden daarmee iets extra's: de signatuur van de architect. Le Cor-busier zei over deze toegevoegde waarde: "Je transformeert deze [materialen] tot huizen of paleizen; dat is constructie. Daarvoor is vaardigheid vereist. Maar plotseling raak je mijn hart. (...) Ik zeg: het is prachtig. Dat is architectuur. Dat is kunst."[8] ■ Het idee van een materiële kunst is mogelijk net

Noten
1 Ashley Schafer en Amanda Reeser, 'Defining Detail', *Praxis*, 1 (2000), blz. 4 ■ 2 Nicholas Olsberg, 'Introduction', *Carlo Scarpa Architect: Intervening with History*, New York 1992, blz. 13 ■ 3 Nikolaus Pevsner, *Pioneers of Modern Design*, New York 1978, blz. 20 ■ 4 *ibid.*, blz. 25 ■ 5 George Ranalli, 'History, Craft, Invention', *Carlo Scarpa Architect: Intervening with History*, New York 1992, blz. 40 ■ 6 Peggy Deamer, 'Detail: The Subject of the Object', *Praxis*, 1 (2000), blz. 108–115 ■ 7 Luigi Moretti, 'The Values of Profiles', *Oppositions*, vol. 4 (oktober 1974), blz. 116 ■ 8 Le Corbusier, *Towards a New Architecture*, New York 1986, blz. 153 ■ 9 Peter Zumthor, *Kunsthaus Bregenz*, Ostfildern 1999, blz. 13

Fotobijschriften en verantwoording
Figuur 1 en 2: Charles en Henry Greene, Gamble House, Pasadena, Cali-fornië, 1908; met toestemming van Doug Dolezal. ■ Figuur 3-5: Carlo Scarpa, graftombe van de familie Brion, San Vito d'Altivole, Italië, 1978; met toestemming van Doug Dolezal. ■ Figuur 6-8: Louis Kahn, Kim-bell Art Museum, Fort Worth, Texas, 1972; Salk Institute for Biological Studies, La Jolla, Californië, 1965; met toestemming van Doug Dole-zal. ■ Figuur 9-11: Ludwig Mies van der Rohe, Seagram Building, New York, 1958; foto's van Paul Warchol.

VORHERGEHENDE SEITE: Craig Konyk, Installation von Architekturstudenten, Parsons School of Design, New York, 1995. VORLIEGENDE DOPPELSEITE: Brian Healy Architects (mit Michael Ryan), Strandhaus, Loveladies, New Jersey, 1997. Horizontale Holzlatten schützen den in einem gläsernen Pavillon angeordneten Wohnbereich des Hauses vor der Morgensonne.

PAGE PRÉCÉDENTE: Craig Konyk, installation de diplôme d'étudiant en architecture, Parsons School of Design, New York, 1995. CETTE DOUBLE PAGE: Brian Healy Architects (avec Michael Ryan), maison de plage, Loveladies, New Jersey, 1997. Des lattes de bois horizontales protègent du soleil matinal les principales pièces de séjour de la maison, qui est un pavillon de verre.

VORIGE BLADZIJDE: Craig Konyk, installatie van architectuurstudenten, Parsons School of Design, New York 1995. DEZE BLADZIJDEN: Brian Healey Architects (met Michael Ryan), strandhuis, Loveladies, New Jersey 1997. Horizontale houten lamellen bieden bescherming tegen de ochtendzon in de belangrijkste woonruimten van het huis, die zich bevinden in een glazen paviljoen.

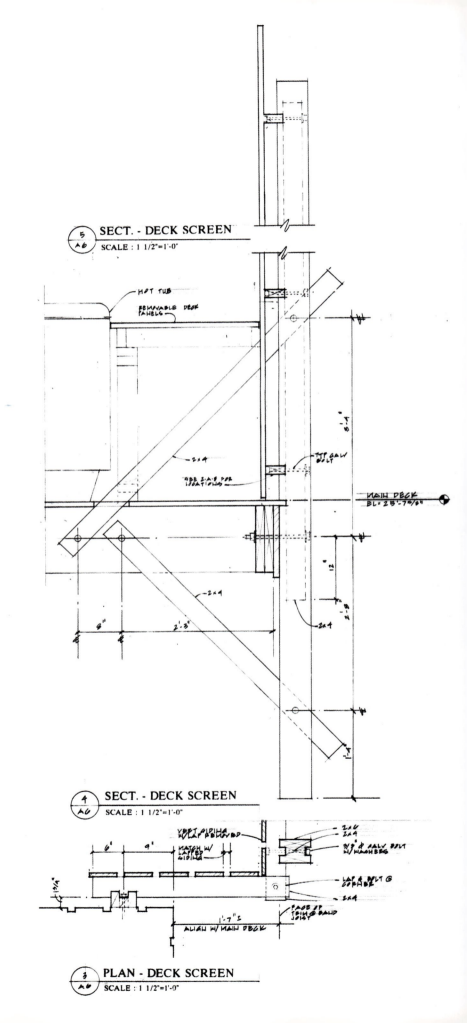

16 holz bois hout

Craig Bassam Studio, Hauptverwaltung der Firma Bally, Caslano, Schweiz, 2000. Ein in Modulbau ausgeführter Pavillon mit Büros und einem Ausstellungsraum wurde auf ein bestehendes Fabrikgebäude aus Beton gesetzt. Basis, Wände, Trennwände und Dachunterseite wurden mit versiegelter massiver Eiche verkleidet.

Craig Bassam Studio, siège de Bally, Caslano, Suisse, 2000. Ce pavillon abritant des bureaux et un showroom a été installé sur le toit d'une usine en béton existante. La plateforme modulaire, les murs, les écrans et les sous-faces de toiture sont habillés de chêne massif.

Craig Bassam Studio, hoofdkwartier van Bally, Caslano, Zwitserland 2000. Op het dak van een bestaande betonfabriek werd een paviljoen met kantoren en een showroom gebouwd. Het modulair geconstrueerde platform, de muren, scheidingswanden en overhangende daklijsten zijn bekleed met massief eikenhout.

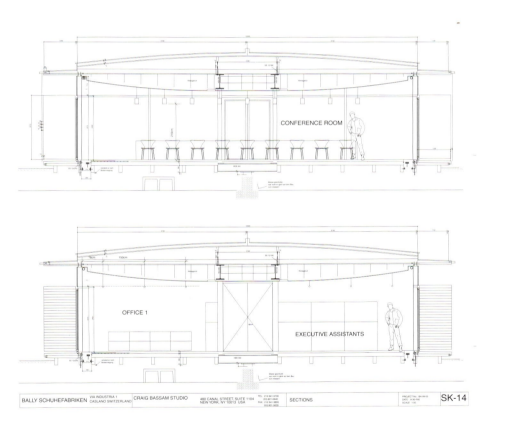

holz bois hout 19

Nader Tehrani mit Kristen Giannattasio und Heather Walls, *Immaterial/Ultramaterial: Thin-Ply*, Harvard Graduate School of Design, Cambridge, Massachusetts, 2001. Von Bekleidungsentwürfen abgeleitet, arbeitet diese Installation mit „Abnähern" in den dünnen Lagen aus Sapeli-Mahagoni, um der glatten Oberfläche Volumen zu verleihen. Die Installation bewegt sich nahtlos zwischen einer abgehängten Decke, einem gebogenen Träger und einer verkleideten Säule.

Nader Tehrani, avec Kristen Giannattasio et Heather Walls, *Immaterial/Ultramaterial : Thin-Ply*, Harvard Graduate School of Design, Cambridge, Massachusetts, 2001. Inspirée du design de mode, cette installation est en feuilles minces d'acajou sapele fendues pour leur donner du volume. Elle se déploie en continu sur un plafond suspendu, une ferme en arc et un habillage de colonne.

Nader Tehrani met Kristen Giannattasio en Heather Walls, *Immaterial/Ultramaterial: Thin-Ply*, Harvard Graduate School of Design, Cambridge, Massachusetts 2001. Deze installatie is afgeleid van kledingontwerpen en bevat stukken fineer van sapeli mahonie om een plat vlak volume te geven en gaat naadloos over van een hangend plafond naar een neerbuigende dakstoel en een zuilbekleding.

VORLIEGENDE DOPPELSEITE: Steven Holl Architects, Cranbrook Institute of Science, Bloomfield Hills, Michigan, 1999. Die Materialien der Lobby sind: gelochte Sperrholzplatten, strukturierte Betonwände sowie Treppengeländer und Türgriffe aus gebürstetem Metall. FOLGENDE DOPPELSEITE: Steven Holl Architects, Kapelle St. Ignatius, Seattle, 1997. Die Türen aus gelber Alaska-Zeder sind handgeschnitzt und mit Handgriffen aus Bronzeguss geschmückt.

CETTE DOUBLE PAGE : Steven Holl Architects, Cranbrook Institute of Science, Bloomfield Hills, Michigan, 1999. Les matériaux du hall se composent de contreplaqué perforé pour les boiseries, de béton texturé pour les murs et de métal brossé pour les rampes et les poignées de portes. DOUBLE PAGE SUIVANTE : Steven Holl Architects, chapelle St. Ignatius, Seattle, 1997. Les portes en cèdre jaune d'Alaska travaillé à la gouge sont signalées par des poignées en fonte de bronze.

DEZE BLADZIJDEN: Steven Holl Architects, Cranbrook Institute of Science, Bloomfield Hills, Michigan 1999. In de hal zijn materialen gebruikt als geperforeerde multiplexpanelen, betonnen wanden met textuur en trapleuningen en deurklinken van geborsteld staal. VOLGENDE BLADZIJDEN: Steven Holl Architects, St.-Ignatiuskapel, Seattle 1997. De kapeldeuren van gele Alaskaceder zijn met de hand gemaakt en worden aangevuld met bronzen handvatten.

holz bois hout 23

Gluckman Mayner Architects, Boutique Katayone Adeli, New York, 1999. Die Struktur der neuen Zinkdecke bildet ein Gegengewicht zu den puristisch-abstrakten Volumen. Die Ausstellungsflächen aus Sperrholzplatten sind schwarz gebeizt und mit Polyurethan versiegelt.

Gluckman Mayner Architects, boutique Katayone Adeli, New York, 1999. La texture du plafond en zinc vient en contrepoint de la pureté des volumes abstraits. Les comptoirs de présentation sont en panneaux de contreplaqué teinté en noir et rebouché au polyuréthane.

Gluckman Mayner Architects, winkel van Katayone Adeli, New York 1999. De textuur van een nieuw blikken plafond vormt een mooie tegenhanger van de zuiverheid van de geabstraheerde objecten. De toonbanken van multiplexpanelen zijn zwart geverfd en afgewerkt met polyurethaan.

Gabellini Associates, Ausstellungsraum und Atelier des Juweliergeschäfts Rosenblat, Hamburg, 1998. Tritt- und Setzstufen dieser gewundenen Treppe aus amerikanischem Walnussholz wirken wie in die verputzte Wand eingeschnitten.

Gabellini Associates, showroom et atelier de la bijouterie Rosenblat, Hambourg, Allemagne, 1998. Les marches et les contremarches semblent s'encastrer dans les encoches du mur en plâtre de cet escalier sinueux.

Gabellini Associates, showroom en atelier van juwelier Rosenblat, Hamburg 1998. De traptreden van Amerikaans notenhout lijken te verdwijnen in het pleisterwerk van deze wenteltrap.

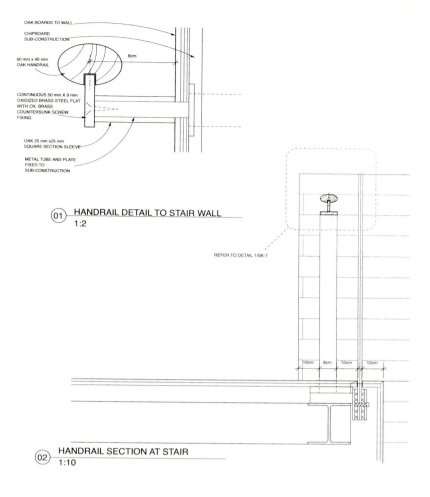

Craig Bassam Studio, Bally-Geschäft, Berlin, 2001. Die Flächen dieser Geschäftsräume sind mit europäischen Standard-Bodenplatten aus Eiche in den Maßen 125 x 10 cm verkleidet und von einem Tischler in einem exakten Muster verlegt.

Craig Bassam Studio, magasin Bally, Berlin, 2001. La totalité du magasin est habillé de lattes de chêne de 125 cm de long par 10 centimètres de large, posées selon un plan détaillé par un ébéniste.

Craig Bassam Studio, Ballywinkel, Berlijn 2001. De oppervlakken van de winkel zijn bekleed met planken van Europees eiken van 125 cm lang en 10 cm breed. Ze werden door een meubelmaker in een zeer secuur patroon gelegd.

Craig Bassam Studio, Bally-Geschäft, Berlin, 2001. Das unbehandelte Holz wurde geölt, um seine natürliche Maserung und seinen Duft zu verstärken.

Craig Bassam Studio, magasin Bally, Berlin, 2001. Non poncé, le bois est huilé pour mettre en valeur son grain naturel et son odeur.

Craig Bassam Studio, Ballywinkel, Berlijn 2001. Het onbewerkte hout is geolied om de nerven en geur duidelijker tot hun recht te laten komen.

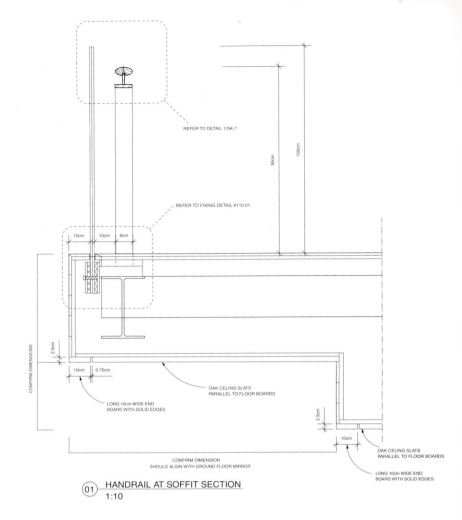

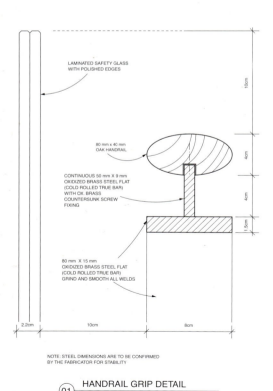

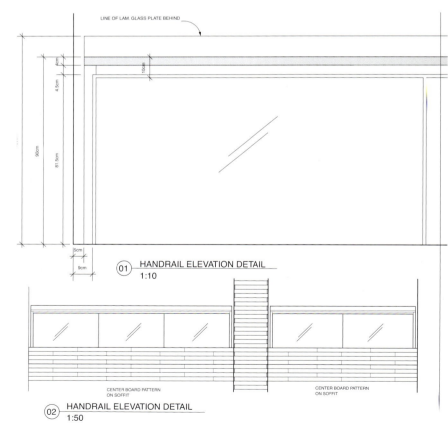

32 holz bois hout

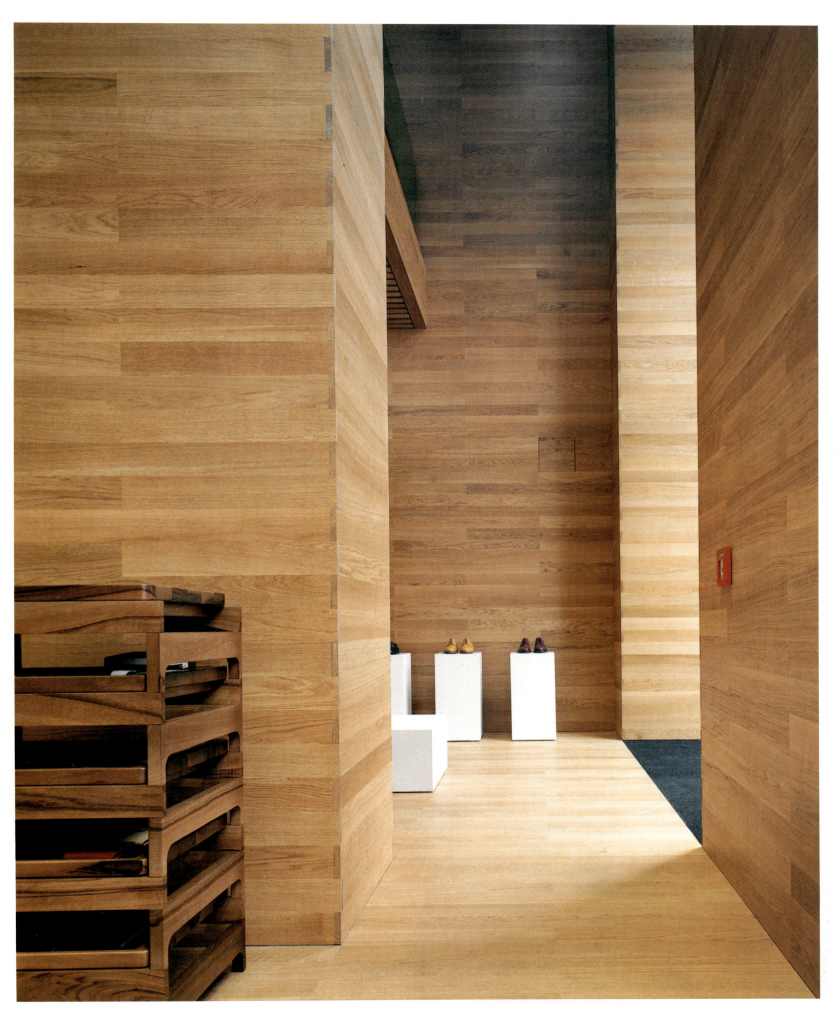

FOLGENDE DOPPELSEITE: George Ranalli Architect, K-Loft, New York, 1995. Die Bauelemente im großen Raum des Lofts bestehen aus Putz sowie lichtdurchlässigem Glas und sind an den Ecken mit Furnierplatten aus Birke verkleidet. Diese haben unregelmäßige Umrisse und wurden in einem bestimmten Muster verschraubt.

DOUBLE PAGE SUIVANTE : George Ranalli Architect, K-Loft, New York, 1995. Les pièces fonctionnelles de ce loft sont délimitées par des murs de plâtre et de verre translucide. Les angles sont protégés par des panneaux en contreplaqué de bouleau découpé en profils irréguliers et fixés par des vis selon un motif décoratif.

VOLGENDE BLADZIJDEN: George Ranalli Architect, K-Loft, New York 1995. Programmatische elementen in de ruimte zijn gemaakt van gips en melkglas en zijn in de hoeken bekleed met panelen van berken multiplex die in onregelmatige profielen zijn gezaagd en zijn bevestigd met een patroon van schroeven.

VORLIEGENDE DOPPELSEITE: Eric J. Cobb Architect, Haus Bruckner, Widbey Island, Washington, 1999. Das Haus ist um zwei senkrechte Betonwände angeordnet, die im Kontrast zur Leichtigkeit der bündigen Öffnungen aus glatter, senkrecht gemaserter Tanne stehen.

CETTE DOUBLE PAGE : Eric J. Cobb Architect, maison Bruckner, Widbey Island, Washington, 1999. La maison s'articule autour de deux murs perpendiculaire en béton brut de décoffrage qui contrastent avec la légèreté des huisseries en sapin à grain fin, montées à fleur.

DEZE BLADZIJDEN: Eric J. Cobb Architect, Bruckner House, Widbey Island, Washington 1999. Het huis is geconstrueerd rond twee rechthoekige betonnen wanden die contrasteren met de lichtheid van het gladde dennen houtwerk.

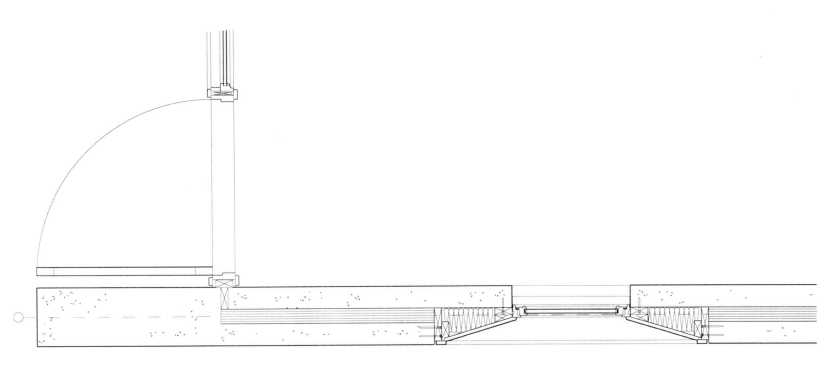

holz bois hout 35

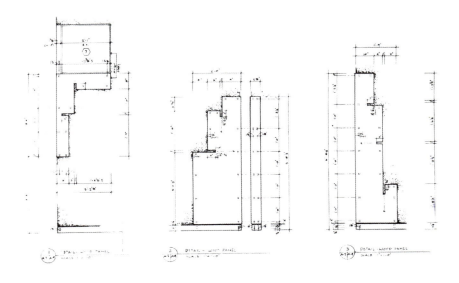
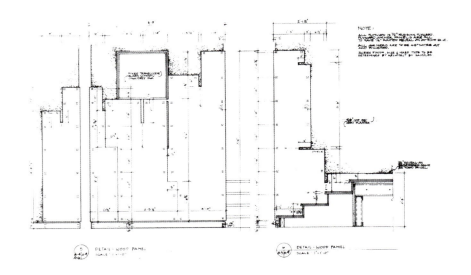
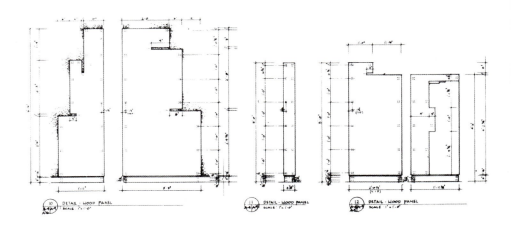

Resolution: 4 Architecture, Wohnhaus Moody, New York, 1998. Eine Verkleidung aus Ahorn umgibt den zentralen Bereich der Küche und verbindet ihn mit den umgebenden Räumen durch eingebaute Schränke und maßgeschneiderte Elemente wie Stuhl und Esstisch.

Resolution : 4 Architecture, résidence Moody, New York, 1998. Les lambris en érable qui habillent la partie centrale de la cuisine se poursuivent sur les volumes adjacents : rangements intégrés ou éléments spécifiques comme un siège ou une table de repas.

Resolution: 4 Architecture, Moody Residence, New York 1998. Esdoornhout bekleedt de centrale kern van de keuken en maakt de omliggende ruimten tot een geheel met ingebouwde kasten en bijpassende elementen, zoals een stoel en eettafel.

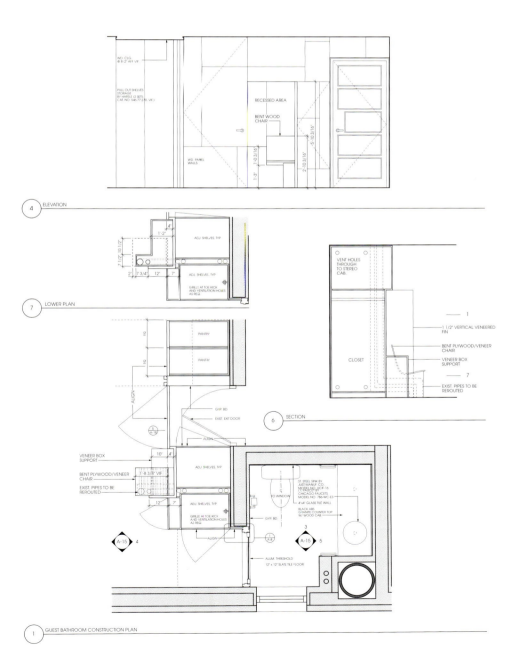

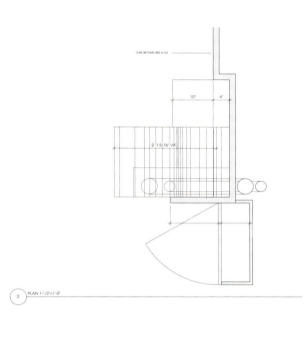

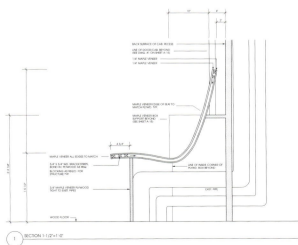

holz bois hout 39

Machado and Silvetti Associates, Back Bay Residence, Boston, 1992. Der Kamin der Wohnung ist mit Furnierplatten aus Satinholz eingefasst, die so ausgerichtet und detailliert wurden, dass man sie nicht für massiv halten kann.

Machado and Silvetti Associates, résidence à Back Bay, Boston, 1992. Le manteau de cette cheminée se compose de deux panneaux en bois de satin inclinés et posés en laissant voir qu'il s'agit de placage et non de bois massif.

Machado and Silvetti Associates, woning in Back Bay, Boston 1992. De open haard in dit appartement bestaat uit panelen van satijnhout die in hoekige vormen zijn aangebracht, waardoor zichtbaar wordt dat het om fineer gaat en niet om massief hout.

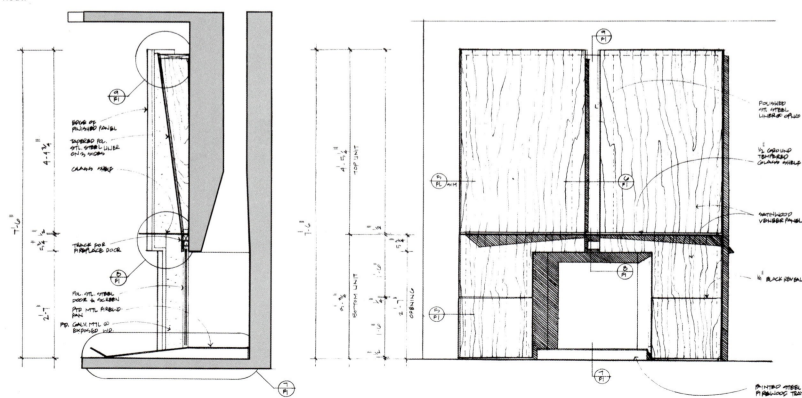

40 holz bois hout

VORHERGEHENDE SEITE: Olson Sundberg Kundig Allen Architects, Mission Hill, Weingut in Familienbesitz, Westbank, British Columbia, Kanada, 2001. VORLIEGENDE DOPPELSEITE: Patkau Architects, Wohnhaus in Vancouver, Kanada, 2000. Um den Bau erdbebensicherer zu gestalten, wurde er fast vollständig aus armiertem Ortbeton errichtet, einschließlich des erhöht angelegten Pools und der Terrassen.

PAGE PRÉCÉDENTE : Olson Sundberg Kundig Allen Architects, domaine viticole familial de Mission Hill, Westbank, Colombie britannique, Canada, 2001. CETTE DOUBLE PAGE : Patkau Architects, maison à Vancouver, Canada, 2000. Pour améliorer sa résistance sismique, cette maison est presque entièrement édifiée en béton armé coulé sur place, y compris la piscine surélevée et ses terrasses.

VORIGE BLADZIJDE: Olson Sundberg Kundig Allen Architects, Mission Hill Family Estate Winery, Westbank, British Columbia, Canada 2001. DEZE BLADZIJDEN: Patkau Architects, Vancouver House, Vancouver, Canada 2000. Om het huis beter bestand te maken tegen aardbevingen werd het bijna helemaal vervaardigd van gewapend beton dat ter plaatse is gegoten, waaronder ook het verhoogde zwembad en de terrassen.

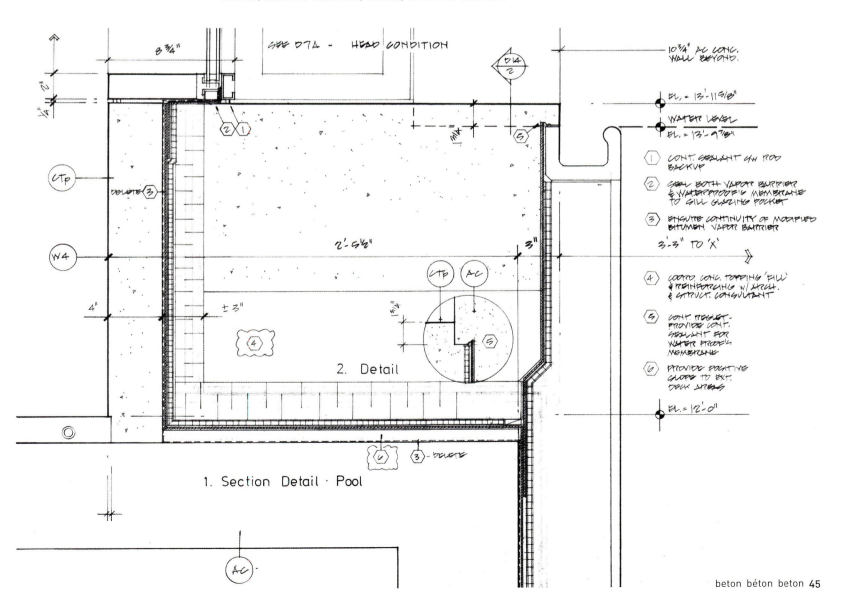

beton béton beton 45

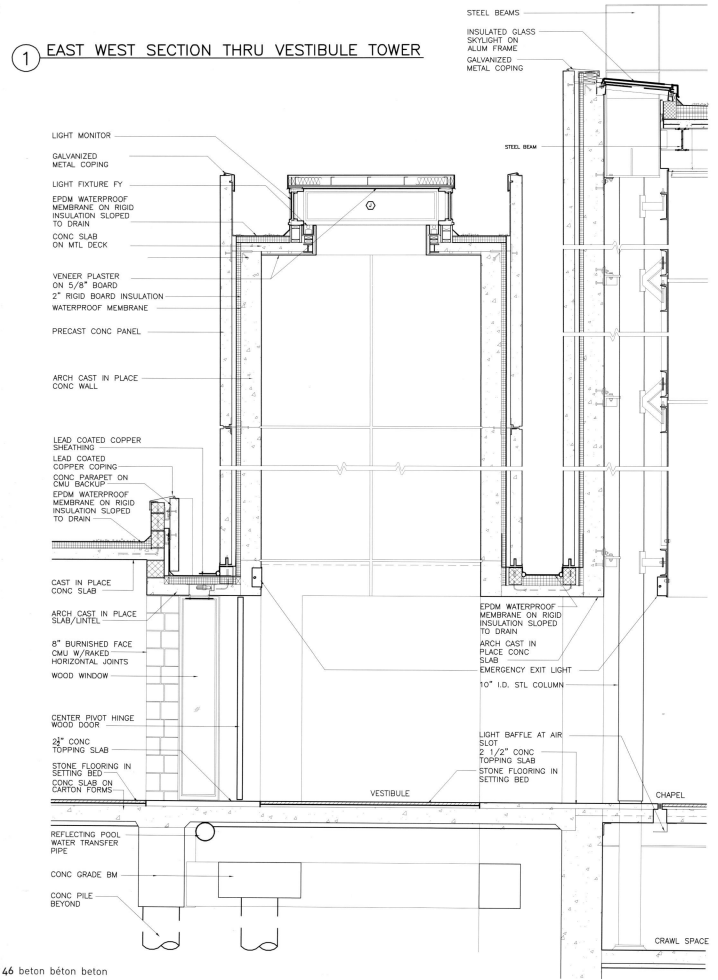

VORHERGEHENDE DOPPELSEITE: François de Menil, Architekt, Byzantine Fresco Chapel Museum, Houston, 1997. Betonfertigteile bilden das Volumen des Museums, welches zwei Freskos aus dem 13. Jahrhundert enthält.

DOUBLE PAGE PRÉCÉDENTE : François de Meril, architecte, Musée des fresques de la chapelle byzantine, Houston, 1997. Ce musée qui abrite deux fresques du XIIIe siècle est en panneaux de béton préfabriqués.

VORIGE BLADZIJDEN: François de Menil, architect, Byzantine Fresco Chapel Museum, Houston 1997. Kant-en-klare betonnen panelen vormen het bouwwerk waarin zich twee dertiende-eeuwse fresco's bevinden.

VORLIEGENDE DOPPELSEITE: François de Menil, Architekt, Byzantine Fresco Chapel Museum, Houston, 1997. Die Betonplatten sind auf Gehrung geschnitten, die Fugen dazwischen offen gelassen.

CETTE DOUBLE PAGE : François de Menil, architecte, Musée des fresques de la chapelle byzantine, Houston, 1997. Les panneaux de béton à assemblage à coupes d'onglet sont séparés par des joints creux.

DEZE BLADZIJDEN: François de Menil, architect, Byzantine Fresco Chapel Museum, Houston 1997. De betonnen panelen hebben randen met verstekken, en open voegen.

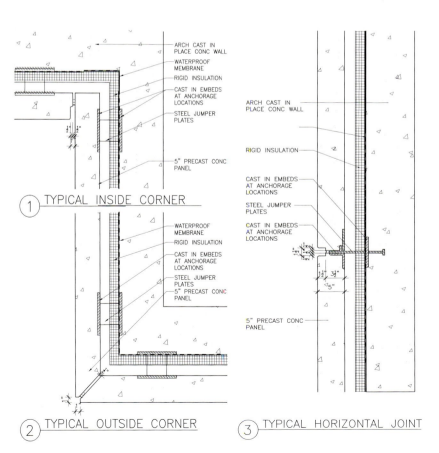

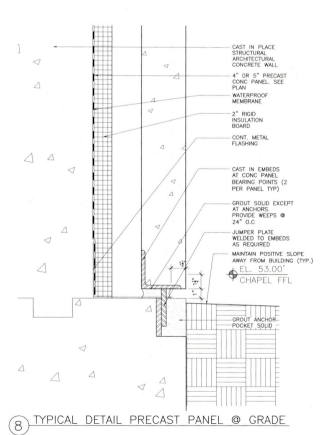

beton béton beton 49

Steven Holl Architects, Kapelle St. Ignatius, Seattle, 1997. Die Außenwände der Kapelle wurden in Aufkippbauweise errichtet. Die durchgefärbten Betonteile aus 21 Tafeln wurden flach auf dem Boden gegossen, vertikal aufgerichtet und eingebaut. Alle Befestigungselemente sind mit Bronze verkleidet.

Steven Holl Architects, chapelle St. Ignatius, Seattle, 1997. Les parois extérieures ont été montées par levage. Les vingt et une dalles de béton coloré dans la masse ont été coulées à plat au sol, puis relevées à la verticale, chaque crochet étant masqué par un cache en bronze.

Steven Holl Architects, St.-Ignatiuskapel, Seattle 1997. Het exterieur van de kapel ontstond met behulp van een kantelmethode. Ter plaatse werden plat op de grond 21 gekleurde betonnen panelen gegoten, die vervolgens rechtop werden getrokken en op hun plaats werden gezet. De verbindingshaken werden afgedekt met bronzen knoppen.

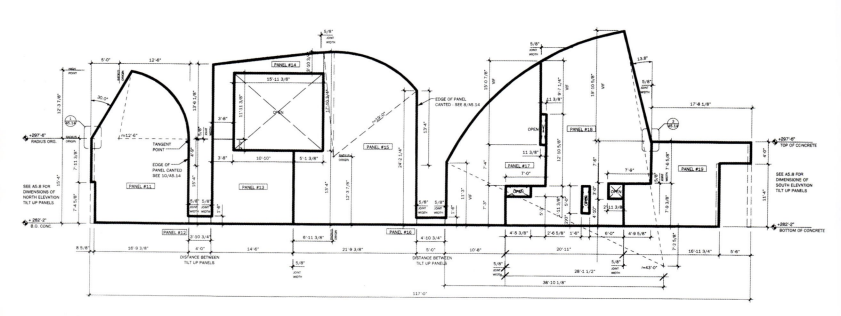

50 beton béton beton

Steven Holl Architects, Stretto Haus, Dallas, Texas, 1992. Der regelmäßige Strukturverband der Betonsteine steht in deutlichem Gegensatz zur weichen Krümmung des Gussglases und der gebogenen Metalldächer.

Steven Holl Architects, maison Stretto, Dallas, Texas, 1992. La régularité de l'alignement des parpaings de béton posés en bandeaux contraste fortement avec les courbes des éléments en verre moulé et des toits métalliques.

Steven Holl Architects, Stretto House, Dallas, Texas 1992. De regelmatigheid van het patroon van de betonnen blokken contrasteert opvallend met de golvende lijnen van het glas en de metalen daken.

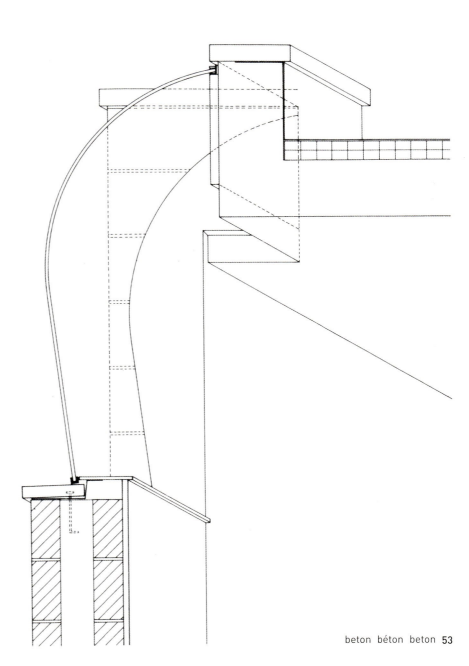

Steven Holl Architects mit Vito Acconci, Ladenfront Art and Architecture, New York, 1993. Die Fassade dieser Galerie mit einer tragenden Betonbrüstung öffnet sich mittels drehbarer Platten, die mit Metall gerahmt und mit sichtbar belassenen Schraubenköpfen befestigt sind.

Steven Holl Architects, avec Vito Acconci, vitrine d'Art and Architecture, New York, 1993. Faite de plaques de béton structurel, la façade de cette galerie s'ouvre par des panneaux articulés encadrés de jouées en métal fixées par des boulons apparents.

Steven Holl Architects met Vito Acconci, etalage van Art and Architecture, New York 1993. De betonnen façade van deze galerie opent door middel van hangende panelen in metalen frames die met zichtbare schroeven zijn bevestigd.

Barkow Leibinger Architects, Besucher- und Trainingszentrum der Firma Trumpf, Farmington, Connecticut, 1999. Sandgestrahlte Betonsteine mit lasergeschnittenen Edelstahleinlagen begrenzen im Innern die Arbeitsräume, welche von doppelgeschossigen Glaswänden umgeben sind. Diese werden von Stahlrahmen mit versteifenden Zuggliedern getragen.

Barkow Leibinger Architects, centre de formation et de la clientèle Trumpf, Farmington, Connecticut, 1999. Des moellons de béton sablé à inserts d'acier inoxydable découpé au laser doublent les espaces de travail intérieurs, clos par des murs de verre double-hauteur articulés par des cadres d'acier à câbles de raidissement.

Barkow Leibinger Architects, Trumpf Customer and Training Center, Farmington, Connecticut 1999. Gezandstraalde betonnen blokken met door laser gesneden roestvrijstalen inzetten omkaderen de werkruimten. Deze worden afgesloten door twee verdiepingen hoge glazen wanden die worden gedragen door stalen lijsten met verstevigende trekstaven.

beton béton beton 57

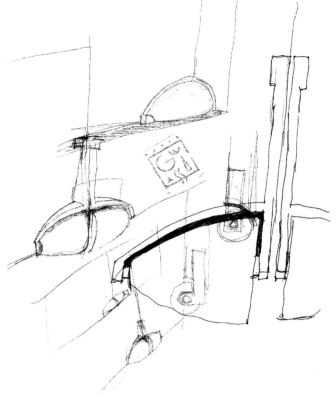

Olson Sundberg Kundig Allen Architects, Atelierhaus, Seattle, 1998. Die Kücheninsel besteht aus einer einzigen vorgefertigten Betontheke mit Spülbecken sowie drehbaren Schranktüren aus Beton auf Bronzerollen, die auf gebogener Führung über den Betonboden laufen.

Olson Sundberg Kundig Allen Architects, maison-atelier, Seattle, 1998. L'îlot central de la cuisine se compose d'un comptoir et d'un évier en béton préfabriqué à portes également en béton s'ouvrant sur des roulettes de bronze se déplaçant sur un cheminement dans le sol en béton.

Olson Sundberg Kundig Allen Architects, studiowoning, Seattle 1998. Het keukeneiland bestaat uit een betonnen aanrecht met wasbak en heeft betonnen kastdeurtjes met bronzen rollers die passen bij de bronzen, halfronde sporen in de vloer.

VORLIEGENDE DOPPELSEITE: Olson Sundberg Kundig Allen Architects, Mission Hill, Weingut in Familienbesitz, Westbank, British Columbia, Kanada, 2001. Ein in die gekrümmte Betondecke eingesetztes Oberlicht ist die einzige natürliche Lichtquelle des unterirdischen Weinkellers. FOLGENDE DOPPELSEITE: Olson Sundberg Kundig Allen Architects, Mission Hill, Weingut in Familienbesitz, Westbank, British Columbia, Kanada, 2001. Die unterirdischen Keller des Weinguts sind in den natürlichen Fels gesprengt und von einem Gewölbesystem aus Beton umgeben.

CETTE DOUBLE PAGE : Olson Sundberg Kundig Allen Architects, domaine viticole familial de Mission Hill, Westbank, Colombie britannique, Canada 2001. Un oculus percé dans la voûte en béton offre le seul apport de lumière naturelle dans le cellier en sous-sol. DOUBLE PAGE SUIVANTE : Olson Sundberg Kundig Allen Architects, domaine viticole familial de Mission Hill, Westbank, Colombie britannique, Canada 2001. Les caves souterraines du chais ont été creusées à l'explosif dans le rocher et doublées d'une ensemble de voûtes en béton.

DEZE BLADZIJDEN: Olson Sundberg Kundig Allen Architects, Mission Hill Family Estate Winery, Westbank, British Columbia, Canada 2001. Een ronde opening in de betonnen overwelving zorgt voor het enige daglicht in de ondergrondse wijnkelder. VOLGENDE BLADZIJDEN: Olson Sundberg Kundig Allen Architects, Mission Hill Family Estate Winery, Westbank, British Columbia, Canada 2001. De ondergrondse wijnkelders zijn ontstaan door de rots ondergronds op te blazen en er vervolgens een betonnen overwelving in te plaatsen.

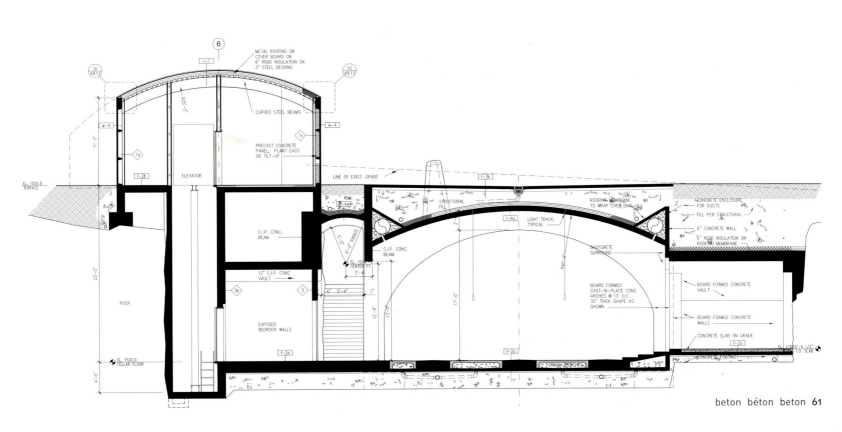

beton béton beton 61

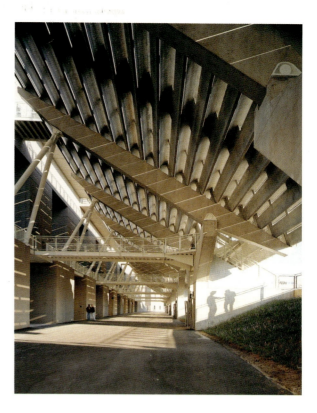

Rafael Viñoly Architects, Stadion der Princeton University, Princeton, New Jersey, 1998. Der doppelgeschosshohe Umgang des Stadions ist unter den Betontribünen angeordnet, die Licht durch ein Gitterwerk aus Öffnungen zwischen jeder Sitzreihe einfallen lassen.

Rafael Viñoly Architects, stade de Princeton University, Princeton, New Jersey, 1998. Le hall d'accès à deux niveaux du stade se trouve sous les gradins en béton préfabriqué. La lumière traverse la trame des ouvertures existant entre chaque rangée de sièges.

Rafael Viñoly Architects, stadion van Princeton University, Princeton, New Jersey 1998. De stadioncatacomben van twee verdiepingen bevinden zich onder betonnen tribunes met een raster van openingen tussen elke rij zittingen die licht doorlaten.

beton béton beton 65

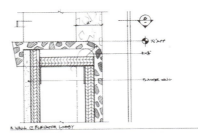

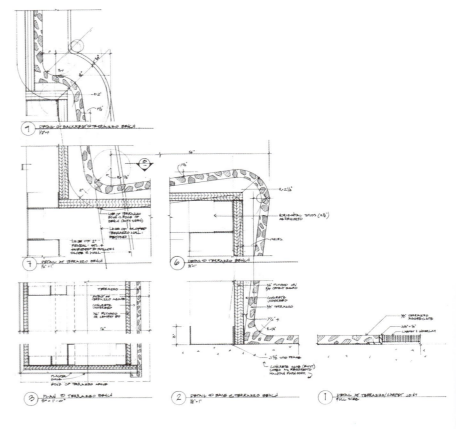

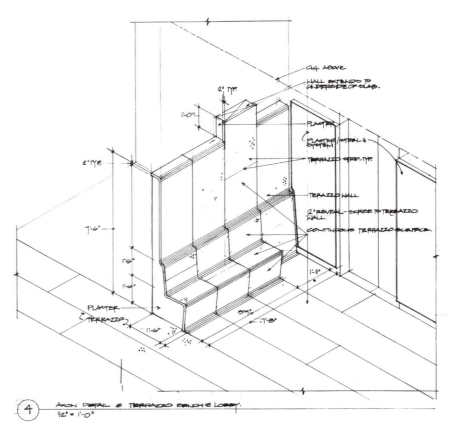

VORHERGEHENDE SEITE: Architecture Research Office, SoHo Loft, New York, 1999.

PAGE PRÉCÉDENTE: Architecture Research Office, loft à SoHo, New York, 1999.

VORIGE BLADZIJDE: Architecture Research Office, loft in SoHo, New York 1999.

VORLIEGENDE DOPPELSEITE: Machado and Silvetti Associates, Lippincott & Margulies, New York, 1998. Eine Terrazzowand, die unten zu einer Bank gebogen ist, setzt sich im Eingangsbereich als Fußboden fort. Dort wendet sie sich wieder nach oben und bildet eine Empfangstheke.

CETTE DOUBLE PAGE : Machado and Silvetti Associates, Lippincott & Margulies, New York, 1998. Un mur en terrazzo se métamorphose en banquette et en sol dans l'entrée avant de remonter et former le comptoir de réception.

DEZE BLADZIJDEN: Machado and Silvetti Associates, Lippincott & Margulies, New York 1998. De muur van terrazzo loopt uit in een bank, is bij de ingangspartij een vloer en mondt naar boven uit in een balie.

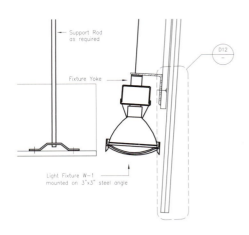

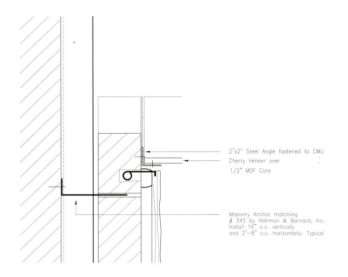

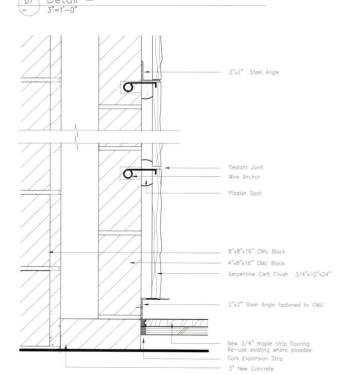

VORHERGEHENDE DOPPELSEITE: Gabellini Associates, Ausstellungsraum Jil Sander, Mailand, 2000. Fußböden und Treppenaufgang sind mit Kalkstein aus Arria, Spanien, verkleidet. VORLIEGENDE DOPPELSEITE: Smith-Miller + Hawkinson Architects, Corning Museum of Glass, 1. Bauabschnitt, Corning, New York, 1998. Das Auditorium ist mit graugrünem Serpentingranit und einer Kombination von Furnierplatten aus weißem Ahorn und Birne verkleidet.

DOUBLE PAGE PRÉCÉDENTE : Gabellini Associates, showroom Jil Sander, Milan, 2000. Les sols et l'escalier sont en calcaire espagnol Arria. CETTE DOUBLE PAGE : Smith-Miller + Hawkinson Architects, Corning Museum of Glass, phase 1, Corning ; New York, 1998. L'auditorium est habillé de granit serpentin gris-vert et de panneaux en placage de bouleau et de poirier.

VORIGE BLADZIJDEN: Gabellini Associates, showroom van Jill Sander, Milaan 2000. De vloeren en trap zijn van Arriakalksteen uit Spanje. DEZE BLADZIJDEN: Smith-Miller + Hawkinson Architects, Corning Glasmuseum, fase een, Corning, New York 1998. Het auditorium is bekleed met grijsgroen serpentijngraniet en een lambrisering van witte-esdoorn- en perenhoutfineer.

Architecture Research Office, SoHo Loft, New York, 1999. Die Struktur der tiefblauen Maserung des Bahia-Granits prägt eine ca. 3 m hohe Trennwand zwischen Essbereich und Küche.

Architecture Research Office, loft à SoHo, New York, 1999. Des panneaux en granit de Bahia à veines bleues marquées créent une séparation de 3 mètres de haut entre la zone des repas et la cuisine.

Architecture Research Office, loft in SoHo, New York 1999. Het spiegelbeeldig tegen elkaar plaatsen van blauw geaderd Bahiagraniet leidt tot een 3 meter hoge scheidingswand tussen de eetkamer en de keuken.

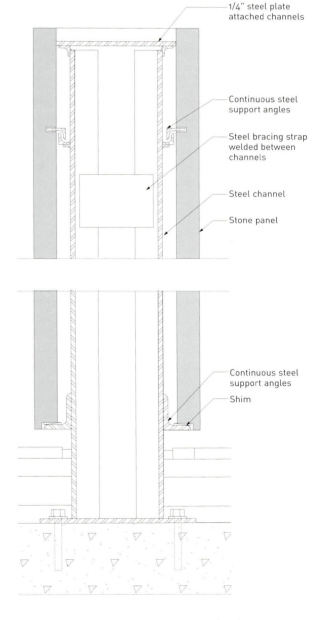

Architecture Research Office, SoHo Loft, New York, 1999. Eine Platte aus Schiefer leitet das Licht aus dem Badezimmerfenster auf die geriffelte Wand der Dusche aus schwarzem Spaltschiefer.

Architecture Research Office, loft à SoHo, New York, 1999. Un panneau-déflecteur en ardoise diffuse la lumière de la fenêtre de la salle de bains sur la surface striée d'ardoise clivée noire des murs de la douche.

Architecture Research Office, loft in SoHo, New York 1999. Een leistenen deflectorpaneel reflecteert licht van het badkamerraam op de douchewand van langwerpige leistenen tegels.

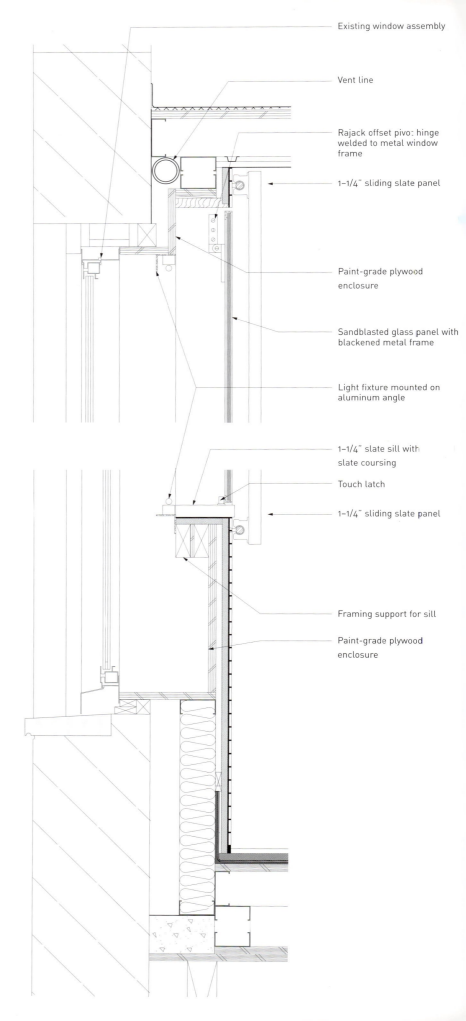

- Existing window assembly
- Vent line
- Rajack offset pivot hinge welded to metal window frame
- 1-1/4" sliding slate panel
- Paint-grade plywood enclosure
- Sandblasted glass panel with blackened metal frame
- Light fixture mounted on aluminum angle
- 1-1/4" slate sill with slate coursing
- Touch latch
- 1-1/4" sliding slate panel
- Framing support for sill
- Paint-grade plywood enclosure

Krueck & Sexton Architects, Stainless Steel Apartment (Apartment aus Edelstahl), Chicago, 1994. Die polierte, braune Wand und die Badewanne stehen auf einem Terrazzoboden an einer sandgestrahlten Glaswand, durch die Licht aus dem Wohnbereich in das Badezimmer einfällt.

Krueck & Sexton Architects, Stainless Steel Apartment (appartement en acier inoxydable), Chicago, 1994. La baignoire et son mur en granit brun poli reposent sur un sol et un muret en terrazzo adjacent à un mur de verre sablé qui laisse passer la lumière venue des pièces de séjour.

Krueck & Sexton Architects, Stainless Steel Apartment (roestvrijstalen appartement), Chicago 1994. De gladde, bruine badkuip en het wandpaneel staan op een terrazzovloer en bevinden zich naast een gezandstraalde glazen wand die licht vanuit de woonruimten van het appartement in de badkamer doorlaat.

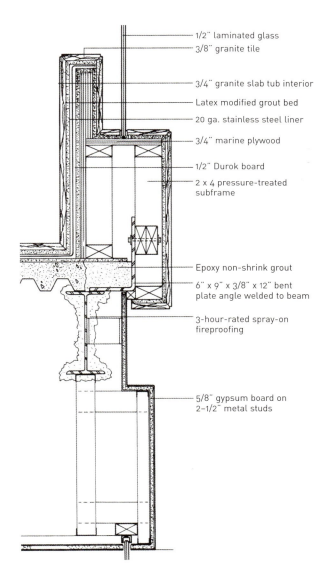

stein pierre steen 79

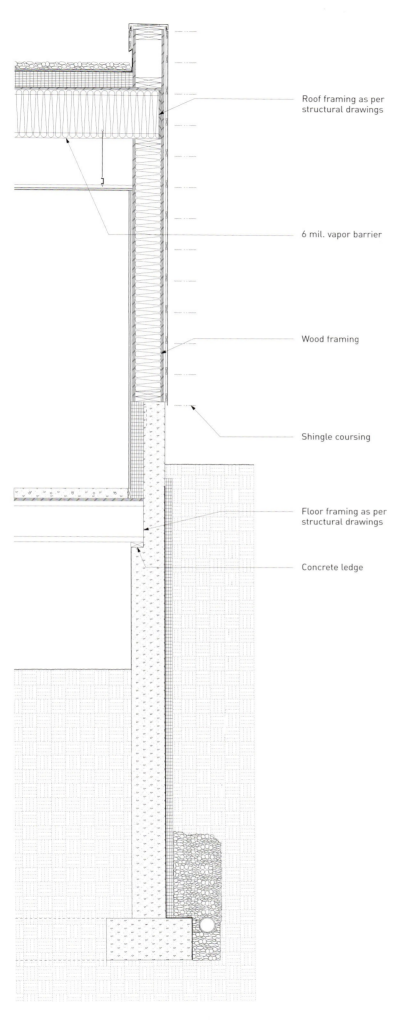

- Roof framing as per structural drawings
- 6 mil. vapor barrier
- Wood framing
- Shingle coursing
- Floor framing as per structural drawings
- Concrete ledge

VORHERGEHENDE SEITE: Steven Holl Architects, Stretto Haus, Dallas, Texas, 1992. VORLIEGENDE DOPPELSEITE: Architecture Research Office, Wohnhaus in Colorado, Telluride, Colorado, 1999. Die Wände dieses Hauses sind wie parallele Bänder, außen mit Schindeln aus Cor-Ten-Stahl verkleidet und auf ein Fundament aus sandgestrahltem Beton gestellt. Die Struktur wechselt je nach Ausrichtung der einzelnen Schindel und der Breite des Überstands der jeweiligen Reihe.

PAGE PRÉCÉDENTE : Steven Holl Architects, maison Stretto, Dallas, Texas, 1992. CETTE DOUBLE PAGE : Architecture Research Office, maison Colorado, Telluride, Colorado, 1999. En plan, les murs de la maison sont des bandeaux parallèles, reposant sur un socle en béton sablé et parés à l'extérieur de shingles en acier Corten. Le motif varie selon l'orientation des shingles et l'importance de leur recouvrement.

VORIGE BLADZIJDE: Steven Holl Architects, Stretto House, Dallas, Texas 1992. DEZE BLADZIJDEN: Architecture Research Office, Colorado House, Telluride, Colorado 1999. De muren van het huis zijn voor elkaar geplaatste, parallelle banden van houten shingles rustend op gezandstraald beton. Het patroon varieert afhankelijk van de richting van de individuele shingles en de mate waarin de rijen elkaar overlappen.

TEN Arquitectos, Parkhaus, Princeton, New Jersey, 2000. Ein Geflecht aus horizontalen Stäben und vertikalen Kabeln bildet eine Vorhangwand aus Edelstahl, die die Garage von außen umgibt.

TEN Arquitectos, garage, Princeton, New Jersey, 2000. Des tiges horizontales et des câbles verticaux forment un écran d'acier inoxydable qui protège la façade extérieure de ce garage.

TEN Arquitectos, parkeergarage, Princeton, New Jersey 2000. Horizontale roeden en geweven verticale kabels vormen een roestvrijstalen gordijn rond de buitenzijde van de garage.

Steven Holl Architects, Bürohaus Sarphatistraat, Amsterdam, 2000. Der zu einer Gracht orientierte Bau hat eine doppelte Haut – eine durchbrochene Außenhülle aus vorpatiniertem Kupfer und eine innere Putzwand mit einem Muster aus Feldern in intensiven Farben.

Steven Holl Architects, bureaux Sarphatistraat, Amsterdam, 2000. Donnant sur un canal, le petit immeuble est recouvert d'une double peau, l'une un écran en cuivre prépatiné vert, l'autre une application de stuc à champs de couleurs intenses.

Steven Holl Architects, kantoren in de Sarphatistraat, Amsterdam 2000. Het paviljoen, met uitzicht op een van de grachten, heeft twee schillen: een geperforeerd scherm van gepatineerd koper aan de buitenkant en een stuclaag met een patroon van felgekleurde vlakken erbinnenin.

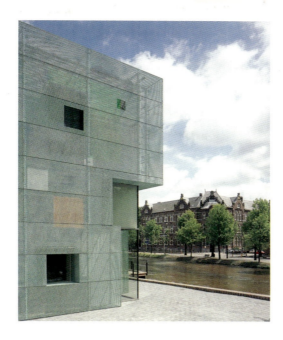

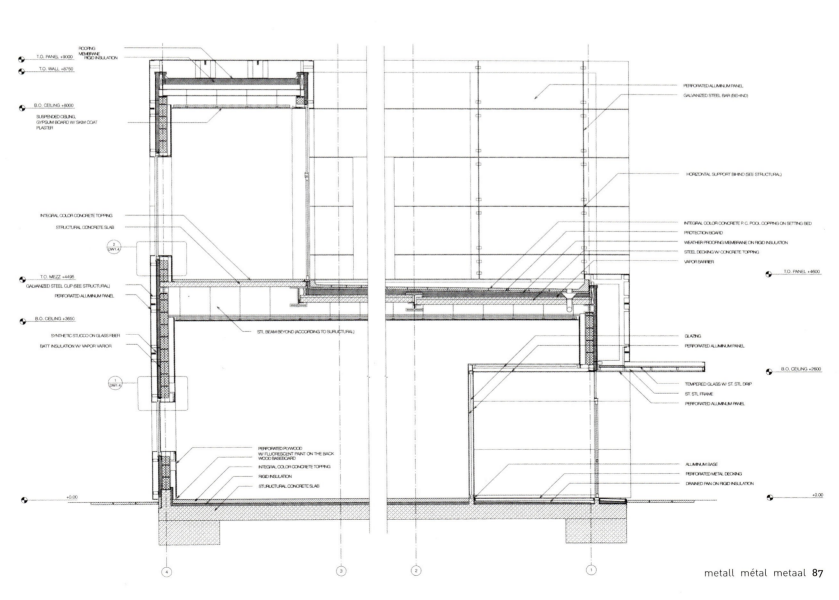

metall métal metaal 87

VORLIEGENDE DOPPELSEITE: Steven Holl Architects, Wohnanlage Makuhari, Chiba, Japan, 1996. Das kleine, mit vorbewitterten Zinkplatten verkleidete Torhaus kragt über ein spiegelndes Wasserbecken vor und enthält einen Teeraum. FOLGENDE DOPPELSEITE: Steven Holl Architects, Wohnanlage Makuhari, Chiba, Japan, 1996. Die öffentliche Versammlungshalle hebt sich durch ihre rötlich oxidierte Metallverkleidung vom größeren Komplex ab.

CETTE DOUBLE PAGE : Steven Holl Architects, logements Makuhari, Chiba, Japon, 1996. Paré de panneaux de zinc vieilli, le petit pavillon de l'entrée qui contient un salon de thé vient en porte-à-faux au-dessus d'un bassin. DOUBLE PAGE SUIVANTE : Steven Holl Architects, logements Makuhari, Chiba, Japon, 1996. La salle pour réunions se différencie du complexe par son parement rouille en métal oxydé.

DEZE BLADZIJEN: Steven Holl Architects, Makuhariwoningen, Chiba, Japan 1996. Het kleine poortgebouw is omhuld met verweerde zinken panelen en hangt boven een vijver. Binnen is een tearoom. VOLGENDE BLADZIJDEN: Steven Holl Architects, Makuhariwoningen, Chiba, Japan 1996. De openbare hal onderscheidt zich van het grotere complex door de bekleding van rood, geoxideerd metaal.

Steven Holl Architects, Museum für zeitgenössische Kunst, Helsinki, Finnland, 1998. Die gekrümmte Fläche des Zinkdachs ist aufgeschnitten, um Oberlichter für die Galerieräume der oberen Ebene einsetzen zu können.

Steven Holl Architects, Musée d'art contemporain, Helsinki, Finlande, 1998. La surface incurvée de la toiture en zinc est découpée par les ouvertures des verrières qui éclairent les galeries supérieures.

Steven Holl Architects, Museum voor Hedendaagse Kunst, Helsinki, Finland 1998. In het gebogen oppervlak van het zinken dak bevinden zich bovenlichten zodat in de bovenste zalen daglicht binnenkomt.

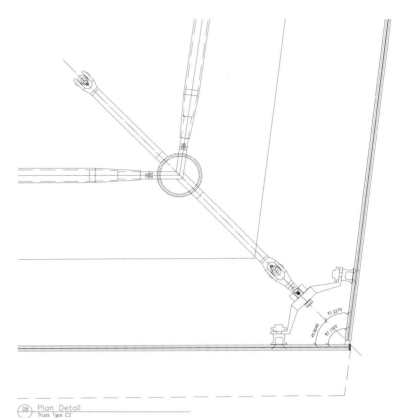

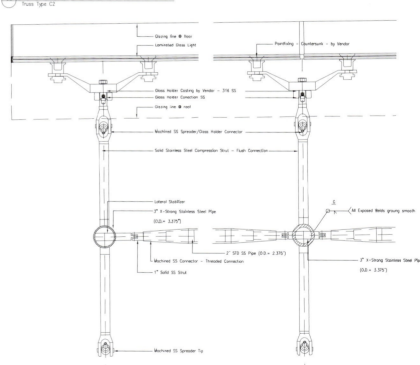

Smith-Miller + Hawkinson Architects, Corning Museum of Glass, 2. Bauabschnitt, Corning, New York, 1999. Um die Transparenz der Fensterwand zu erhalten, wurde die Glasfläche zurückgesetzt vom Tragsystem aus Zug- und Druckgliedern aus Edelstahl.

Smith-Miller + Hawkinson Architects, Corning Museum of Glass, phase 2, Corning, New York, 1999. Pour conserver l'effet de transparence du mur de façade, les plans de verre sont détachés de leur système structurel de poutrelles de tension et de compression en acier inoxydable.

Smith-Miller + Hawkinson Architects, Corning Glasmuseum, fase twee, Corning, New York 1999. In een poging om de transparantie van de vensterwand te behouden is het glazen oppervlak losgemaakt van de roestvrijstalen bevestigingsconstructie.

Smith-Miller + Hawkinson Architects, Corning Museum of Glass, 2. Bauabschnitt, Corning, New York, 1999. Eine Konstruktion aus eloxiertem Aluminium, die ein LED-Display trägt, ist mit Stahlkabeln an der Decke aufgehängt.

Smith-Miller + Hawkinson Architects, Corning Museum of Glass, phase 2, Corning, New York, 1999. Une boîte d'éclairage inclinée en aluminium anodisé contenant des plaques LEDs est suspendue au plafond par des câbles d'acier.

Smith-Miller + Hawkinson Architects, Corning Glasmuseum, fase twee, Corning, New York 1999. Een bouwdeel van geanodiseerd aluminium hangt ter ondersteuning van een led-paneel aan stalen kabels aan het plafond.

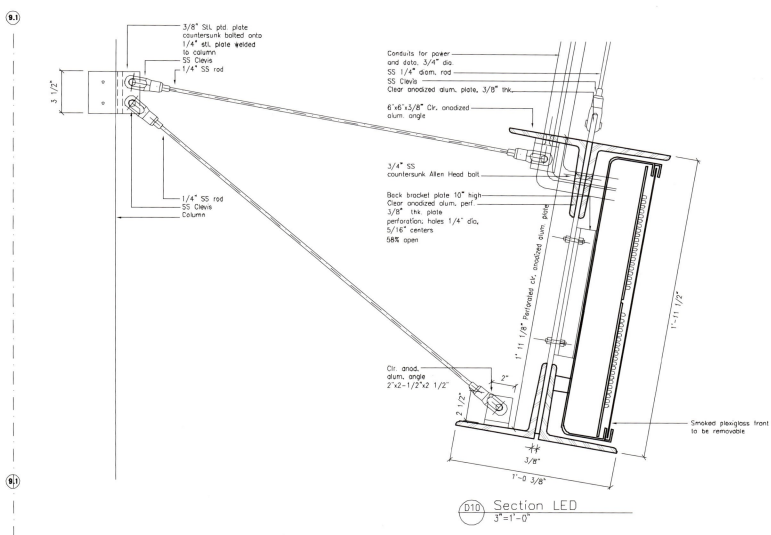

metall métal metaal

Smith-Miller + Hawkinson Architects, Rotunda Gallery, Brooklyn, New York, 1993. Das Geländer besteht aus eloxierten Aluminiumstreifen, die mit durchsichtigen und durchscheinenden Kunststoffflächen verkleidet sind.

Smith-Miller + Hawkinson Architects, Rotunda Gallery, Brooklyn, New York, 1993. Les garde-corps de l'escalier sont des panneaux de Lexan translucide maintenus par des pattes d'aluminium anodisé.

Smith-Miller + Hawkinson Architects, Rotunda Gallery, Brooklyn, New York 1993. De trapleuningen zijn gemaakt van geanodiseerde aluminiumplaten die zijn bekleed met doorschijnende en heldere panelen van lexaanglas.

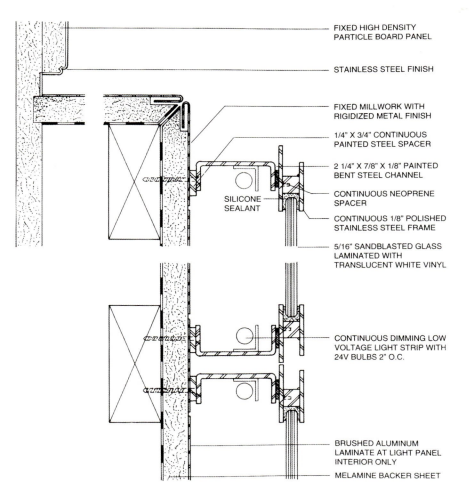

Krueck & Sexton Architects, Stainless Steel Apartment (Apartment aus Edelstahl), Chicago, 1994. Die metallverkleidete Trennwand zwischen Arbeits- und Essbereich trägt ein Lichtpaneel aus sandgestrahltem Glas in poliertem Edelstahlrahmen. Die Trittstufen der anschließenden Treppe aus Edelstahl kragen von einem einzigen Längsträger aus, der an der Basis über einer Ebenholzplattform schwebt.

Krueck & Sexton Architects, Stainless Steel Apartment (appartement en acier inoxydable), Chicago, 1994. La cloison en métal entre le bureau et le séjour intègre un panneau en verre sablé dans un cadre d'acier inoxydable. Les marches en acier inoxydable de l'escalier adjacent se projettent en porte-à-faux à partir d'un limon flottant à sa base au-dessus d'une plate-forme d'ébène.

Krueck & Sexton Architects, Stainless Steel Apartment (roestvrijstalen appartement), Chicago 1994. De met metaal beklede scheidingswand tussen de studeerkamer en de eetkamer bevat een lichtpaneel van gezandstraald glas in een lijst van gepolijst roestvrij staal. De ernaast gelegen roestvrijstalen traptreden zijn aan slechts één railing bevestigd en zweven boven een ebbenhouten platform beneden.

metall métal metaal 101

Archi-Tectonics, Loft in der Wooster Street, New York, 1998. Die Küchenunterschränke aus Edelstahl werden durch vorkragende Arbeitsflächen ergänzt, von denen eine aus schwarzem, wasserdichtem Beton fixiert, die andere, individuell gefertigte, schwenkbar ist und aus nicht-toxischem Kunstharz besteht.

Archi-Tectonics, loft de Wooster Street, New York, 1998. Les meubles bas en acier inoxydable de la cuisine se complètent de plans de travail en porte-à-faux, l'un fixe en béton étanchéifié noir, l'autre pivotant en époxy non toxique.

Archi-Tectonics, loft in Wooster Street, New York 1998. De benedenkastjes van roestvrij staal in de keuken worden aangevuld met zwevende werkbladen, waarvan er een ter plekke is bevestigd in zwart, waterbestendig cement en de andere, die draait, in een op maat gegoten, niet-giftig kunsthars.

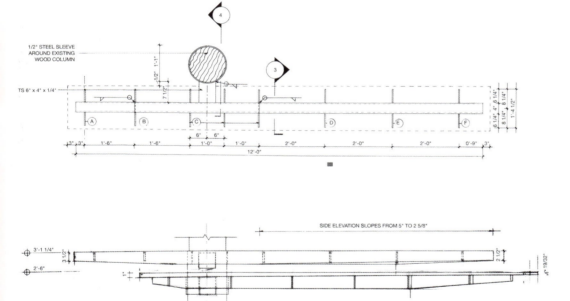
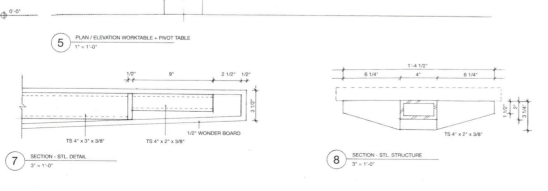
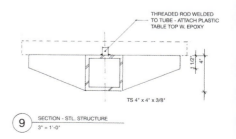

Rockwell Group, Künstleratelier, New York, 1997. Die verschiebbare Displaywand verbirgt eingebaute Regale hinter Lochplatten aus Metall. Mittels einer schwarzen Stahlleiste und kleinen Magneten ist ein ständiger Wechsel der ausgestellten Kunstwerke und Zeichnungen möglich.

Rockwell Group, studio d'artiste, New York, 1997. Ce mur-cimaise coulissant dissimule des étagères derrière ses panneaux en métal perforé. Une cornière en acier noirci et de petits aimants permettent de modifier aisément la présentation des œuvres d'art.

Rockwell Group, kunstenaarsatelier, New York 1997. De schuifwand bestaat uit geperforeerde metalen panelen die een boekenkast verbergen. Met behulp van een stalen rand en kleine magneten kunnen steeds andere afbeeldingen en tekeningen worden neergezet en opgehangen.

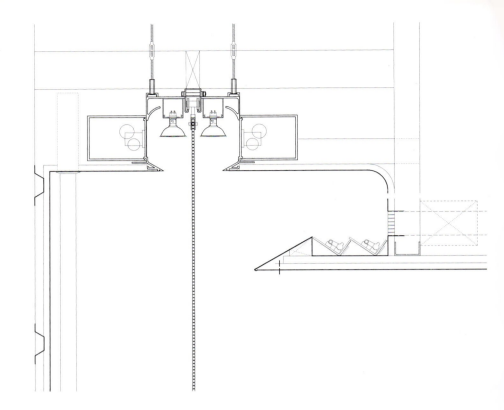

Gabellini Associates, Boutique Salvatore Ferragamo, SoHo, New York, 2001. Ein aufgehängter, nickellegierter silberner Kettenvorhang bildet den Hintergrund und Schutz für die Ausstellungsstücke und Theken des Ladens.

Gabellini Associates, boutique Salvatore Ferragamo à SoHo, New York, 2001. Un panneau suspendu en maille de maillechort fait office de fond et d'écran pour la présentation des vêtements et les comptoirs.

Gabellini Associates, winkel van Salvatore Ferragamo in SoHo, New York 2001. Een hangend paneel van nikkelmessingen maliën vormt een achter- en scheidingswand voor de kledingrekken en toonbanken.

Frank O. Gehry and Associates (mit Gordon Kipping von G TECTS), Issey Miyake Boutique in TriBeCa, New York, 2001. Ein über 7,50 m hohes, plastisches Band aus geschwungenem Titanium nimmt das Zentrum des Geschäfts ein.

Frank O. Gehry and Associates (avec Gordon Kipping de G TECTS), boutique Issey Miyake à TriBeCa, New York, 2001. Un ruban-sculpture de 7,50 m de haut en titane occupe le cœur du magasin.

Frank O. Gehry and Associates (met Gordon Kipping van G TECTS), winkel van Issey Miyake in TriBeCa, New York 2001. Een 7,5 meter hoog sculpturaal lint van golvend titanium vormt het hart van de winkel.

metall métal metaal 109

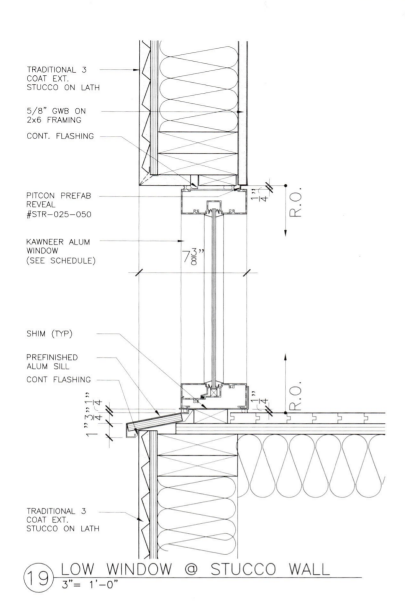

TRADITIONAL 3 COAT EXT. STUCCO ON LATH

5/8" GWB ON 2x6 FRAMING

CONT. FLASHING

PITCON PREFAB REVEAL #STR-025-050

KAWNEER ALUM WINDOW (SEE SCHEDULE)

SHIM (TYP)

PREFINISHED ALUM SILL

CONT FLASHING

TRADITIONAL 3 COAT EXT. STUCCO ON LATH

19 LOW WINDOW @ STUCCO WALL
3"= 1'-0"

VORHERGEHENDE SEITE: Olson Sundberg Kundig Allen Architects, Wohnhaus in North Seattle, Seattle, 2000. VORLIEGENDE DOPPELSEITE: François de Menil, Architekt, Wohnhaus in der Bank Street, Houston, 2000. Die Putzwände des Hauses mit zurückgesetzten Aluminiumfenstern sind mit einem Gitter aus Scheinfugen überzogen.

PAGE PRÉCÉDENTE : Olson Sundberg Kundig Allen Architects, résidence à Seattle nord, Seattle, 2000. CETTE DOUBLE PAGE : François de Ménil, architecte, résidence Bank Street, Houston, 2000. Les murs en stuc de la maison sont animés par une trame de joints de dilatation et de fenêtres d'aluminium en retrait.

VORIGE BLADZIJDE: Olson Sundberg Kundig Allen Architects, woning in Noord-Seattle, 2000. DEZE BLADZIJDEN: François de Menil, Architect, woning in Bank Street, Houston 2000. De gestuukte wanden van het huis bevatten een raster van naden en inspringende aluminium vensters.

putz plâtre pleisterwerk 113

VORLIEGENDE DOPPELSEITE: Steven Holl Architects, Museum für zeitgenössische Kunst, Helsinki, Finnland, 1998. Natürliches Licht fällt auf vielfache Weise in die Galerieräume ein und wird über durchscheinendes Glas über die Putzflächen verteilt.
FOLGENDE DOPPELSEITE: Steven Holl Architects, Museum für zeitgenössische Kunst, Helsinki, Finnland, 1998. Die Oberlichter sind in die Putzdecke geschnitten und außen im gekrümmten Dach an einer gefalteten Zinkfläche ablesbar.

CETTE DOUBLE PAGE : Steven Holl Architects, Musée d'art contemporain, Helsinki, Finlande, 1998. La lumière naturelle qui pénètre dans les galeries de multiples façons se diffuse sur les surfaces de plâtre par des panneaux de verre translucide. DOUBLE PAGE SUIVANTE : Steven Holl Architects, Musée d'art contemporain, Helsinki, Finlande, 1998. Les verrières sont découpées dans le plafond de plâtre et s'expriment sur la toiture incurvée par des plans en zinc plié.

DEZE BLADZIJDEN: Steven Holl Architects, Museum voor Hedendaagse Kunst, Helsinki, Finland 1998. Op verschillende manieren komt het daglicht in de zalen binnen; het wordt door middel van melkglas verstrooid over de gepleisterde oppervlakken. VOLGENDE BLADZIJDEN: Steven Holl Architects, Museum voor Hedendaagse Kunst, Helsinki, Finland 1998. De bovenlichten snijden door de gepleisterde wanden en steken uit het gebogen zinken dak.

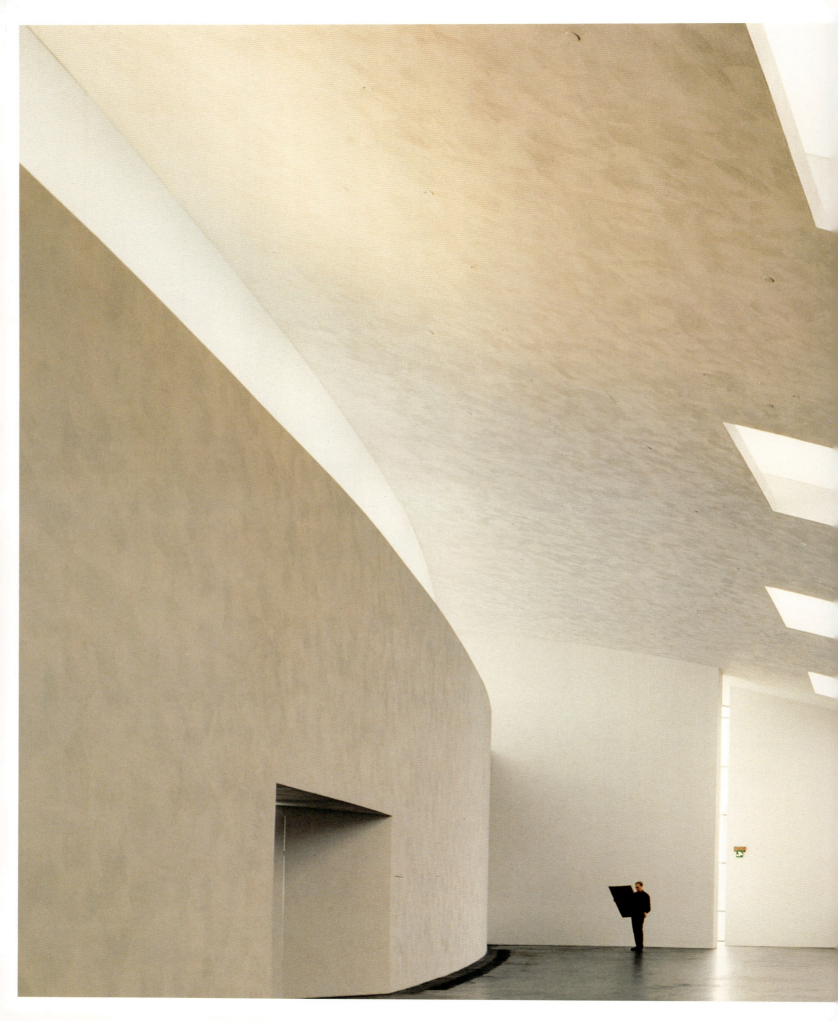

Steven Holl Architects, Museum für zeitgenössische Kunst, Helsinki, Finnland, 1998. Der dramatischen Außenkrümmung des Daches folgt innen die verputzte Wand, die in Abstufungen mit Tageslicht versorgt wird.

Steven Holl Architects, Musée d'art contemporain, Helsinki, Finlande, 1998. La courbe spectaculaire de la toiture se retrouve dans le mur intérieur plâtré balayé par toutes les nuances de la lumière du jour.

Steven Holl Architects, Museum voor Hedendaagse Kunst, Helsinki, Finland 1998. De dramatische ronding van het dak zorgt voor een gepleisterd oppervlak aan de binnenzijde waarop in verschillende gradaties daglicht valt.

putz plâtre pleisterwerk 119

Steven Holl Architects, Kapelle St. Ignatius, Seattle, 1997. Die Wände der Lichtschächte sind mit unbehandeltem Kratzputz versehen, der mit Zahnspachteln in Handarbeit eine Struktur erhielt.

Steven Holl Architects, chapelle St. Ignatius, Seattle, Washington, 1997. Les murs des puits de lumière sont en enduit gratté, modelé à la main à la truelle à grandes dents et laissé sans autre finition.

Steven Holl Architects, St.-Ignatiuskapel, Seattle, Washington 1997. De wanden van ruw pleisterwerk zijn tijdens het opbrengen met de hand bewerkt met een grof gekartelde troffel en later niet afgewerkt.

Peter L. Gluck and Partners, Architekten, Haus am Michigansee, Highland Park, Illinois, 1997. Die gewölbte Decke des Essraums wurde schichtweise aus Sperrholz und Rigipsplatten geformt und dann mit der Stahlkelle verputzt.

Peter L. Gluck and Partners, architectes, maison sur le lac Michigan, Highland Park, Illinois, 1997. Le plafond voûté de la salle à manger est fait de strates de contreplaqué et de panneaux de gypse finis au plâtre blanc lissé à la truelle.

Peter L. Gluck and Partners, Architects, huis aan het Michiganmeer, Highland Park, Illinois 1997. Het overwelfde plafond in de eetkamer bestaat uit lagen multiplex en natuursteen, die vervolgens wit zijn gepleisterd.

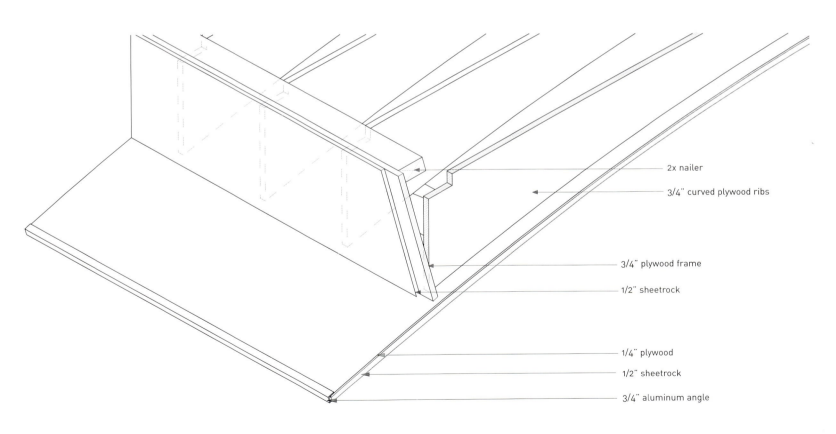

- 2x nailer
- 3/4" curved plywood ribs
- 3/4" plywood frame
- 1/2" sheetrock
- 1/4" plywood
- 1/2" sheetrock
- 3/4" aluminum angle

putz plâtre pleisterwerk

Holey Associates, Pomegranit, San Francisco, 1998. Von oben belichtete Putzwände werden durch verschiebbare, aus Kunststoff, Holz oder italienischem Gipsglattputz zusammengesetzte Trennwände ergänzt, mit denen man Ateliers oder einen gemeinschaftlichen Raum abtrennen bzw. bilden kann.

Holey Associates, Pomegranit, San Francisco, 1998. Les murs mis en valeur par le plâtre se complètent de panneaux coulissants en Lumasite, bois ou stucco italien. Les studios et l'espace collectif peuvent ainsi être séparés ou réunis.

Holey Associates, Pomegranit, San Francisco 1998. Hoge, lichtgekleurde wanden zijn aangevuld met schuifpanelen van LUMAsite, hout of Italiaans pleisterfineer. Hierdoor kunnen ateliers of gemeenschappelijke ruimten worden gecreëerd of afgescheiden.

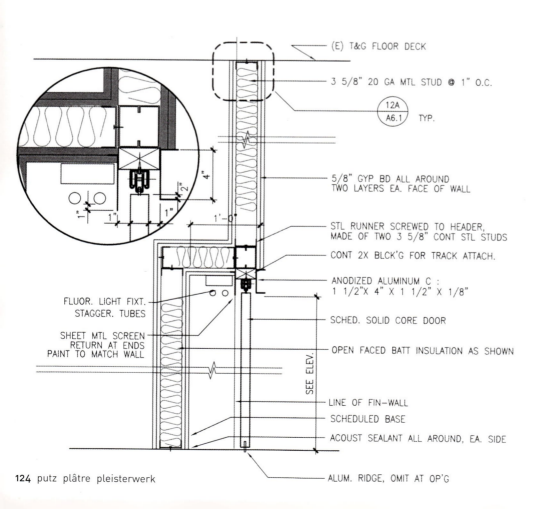

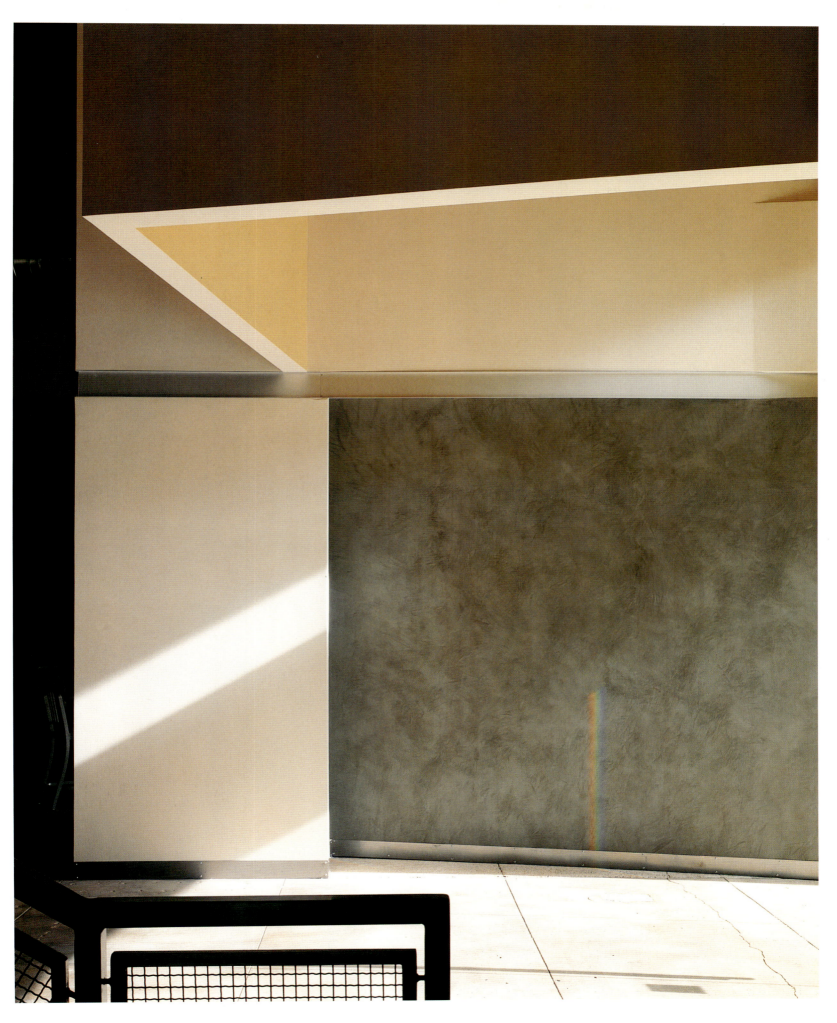

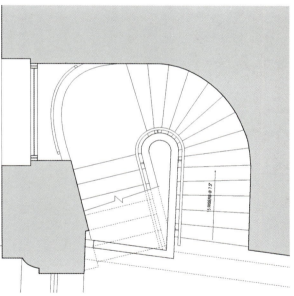

Asfour Guzy Architects, T Management Offices, New York, 1999. Die gekrümmte Form des mit Feinputz versehenen Treppenhauses basiert auf einem verformten Zylinder.

Asfour Guzy Architects, bureaux de T Management, New York, 1999. En plâtre à dernière couche lissée, la cage d'escalier curviligne est un cylindre déformé.

Asfour Guzy Architects, kantoren van T Management, New York 1999. De ronde vormen van de trap, bedekt met een dun laagje pleisterwerk, zijn gebaseerd op een vervormde cilinder.

VORHERGEHENDE SEITE: Archi-Tectonics, Loft in der Wooster Street, New York, 1998. VORLIEGENDE DOPPELSEITE: Olson Sundberg Kundig Allen Architects, Atelierhaus, Seattle, 1998. Ein an einer Schiene aus Zedernholz aufgehängter Leinenvorhang bedeckt die Sichtbetonwand des doppelgeschossigen Atelierraums.

PAGE PRÉCÉDENTE : Archi-Tectonics, loft de Wooster Street, New York, 1998. CETTE DOUBLE PAGE : Olson Sundberg Kundig Allen Architects, maison-atelier, Seattle, 1998. Un rideau de toile suspendu à une tringle en cèdre court le long du mur en béton brut de décoffrage du volume double-hauteur de l'atelier.

VORIGE BLADZIJDE: Archi-Tectonics, loft in Wooster Street, New York 1998. DEZE BLADZIJDEN: Olson Sundberg Kundig Allen Architects, studio, Seattle 1998. Een gordijn van canvas aan een cederhouten roede bekleedt de betonnen wand van de twee verdiepingen hoge studio.

FOLGENDE DOPPELSEITE: Archi-Tectonics, Loft in der Wooster Street, New York, 1998. Vorhänge aus sehr weichem Velours ergänzen die warmen Flächen aus Hartholz im Schlafzimmer und bilden ein sanftes Gegengewicht zur Präzision des Wandsystems aus Edelstahl und lichtdurchlässigem Glas.

DOUBLE PAGE SUIVANTE : Archi-Tectonics, loft de Wooster Street, New York, 1998. Des rideaux en suédine accompagnent les chaleureuses surfaces en bois dur, apportant un délicat contrepoint à la précision technique d'un système de paroi en verre translucide et acier inoxydable.

VOLGENDE BLADZIJDEN: Archi-Tectonics, loft in Wooster Street, New York 1998. Gordijnen van zware suèdeachtige stof complementeren de warme hardhouten oppervlakken in de slaapkamer en vormen een zachte tegenhanger voor de precisie van de wandconstructie van roestvrij staal en melkglas.

textile stoffe tissus stoffen 131

ADDITIONAL NOTES:

a. SLIDING SCREEN FRAME – 1"X1" STAINLESS STEEL TUBE CONSTRUCTION, SANDBLASTED FINISH

b. HEAVY COTTON CANVAS SCREEN – STITCHED TOGETHER

c. EDGE REINFORCED W/ 1/4" DIA. STAINLESS STEEL ROD

d. GROMMET HARDWARE

e. LEATHER STRIP BINDING

f. BARN DOOR TRACK & HANGER

g. MESH SCREEN – TO BE SPECIFIED

h. 1/4"X1/2" RECTANGULAR OPENING 4" O.C.

i. 3/16" DIA. STAINLESS STEEL CONTINUOUS ROD BENT TO SHAPE THREADED THROUGH STAINLESS STEEL TUBE AND WELDED IN PLACE

j. STAINLESS STEEL PANEL INFILL

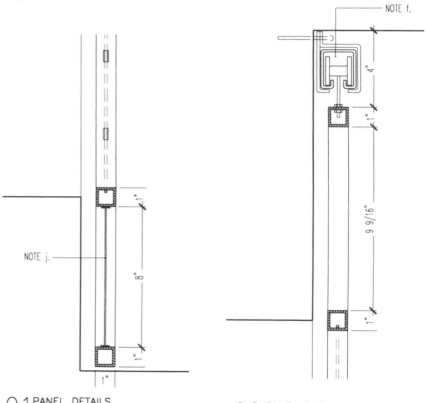

03 PANEL DETAILS FULL SCALE

01 PANEL DETAILS 3" = 1'-0"

02 PANEL DETAILS 3" = 1'-0"

Pasanella + Klein Stolzman + Berg Architects, Apartment am Central Park, New York, 1999. Verschiebbare Wände aus straff gespanntem Leinen in einem Rahmen aus Edelstahl verbergen die Kleiderschränke im Schlafzimmer.

Pasanella + Klein Stolzman + Berg Architects, appartement sur Central Park, New York, 1999. Dans la chambre, des panneaux coulissants en toile tendue sur des cadres en acier inoxydable dissimulent les rangements.

Pasanella + Klein Stolzman + Berg Architects, appartement in Central Park, New York 1999. Schuifpanelen van strakgespannen canvas in stalen frames verbergen de opbergruimte van de slaapkamer.

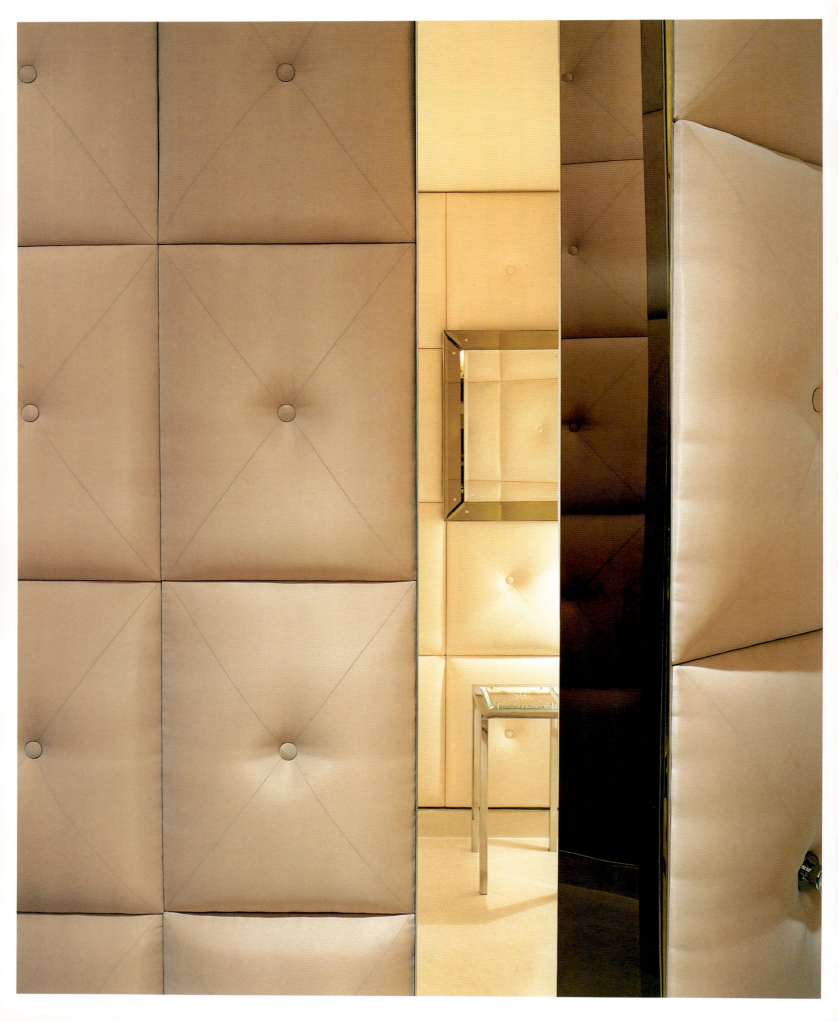

Philippe Starck, Jean-Paul Gaultier Boutique, New York, 2002. Wie Luxusmöbel sind hier die Wände mit Taftpolsterung mit einem Knopf in der Mitte jedes Rechtecks versehen.

Philippe Starck, boutique Jean-Paul Gaultier, New York, 2002. Traités comme des meubles de luxe, les murs sont rembourrés de taffetas capitonné.

Philippe Starck, winkel van Jean-Paul Gaultier, New York 2002. Net als een chesterfieldbank zijn de wanden bekleed met in het midden van elke rechthoek een knoop.

textile stoffe tissus stoffen

Gisela Stromeyer Design, Mega Art, New York, 1998. Dieser von einer Druckerei eingenommene Raum in einem Lagerhaus ist durch individuell angefertigte Trennwände aus Stretchmaterial unterteilt, die an Metallhaken von der Decke hängen und mit Stäben am Fußboden gespannt sind.

Gisela Stromeyer Design, Mega Art, New York, 1998. Ancienne imprimerie, cet entrepôt est divisé par des écrans en Spandex suspendus au plafond par des crochets et tendus au sol par des tiges.

Gisela Stromeyer Design, Mega Art, New York 1998. In dit pakhuis bevindt zich een drukkerij en de ruimten zijn verdeeld door middel van op maat gemaakte schermen van elastaan die met metalen haken aan het plafond zijn bevestigd en strak zijn getrokken met behulp van roeden op de vloer.

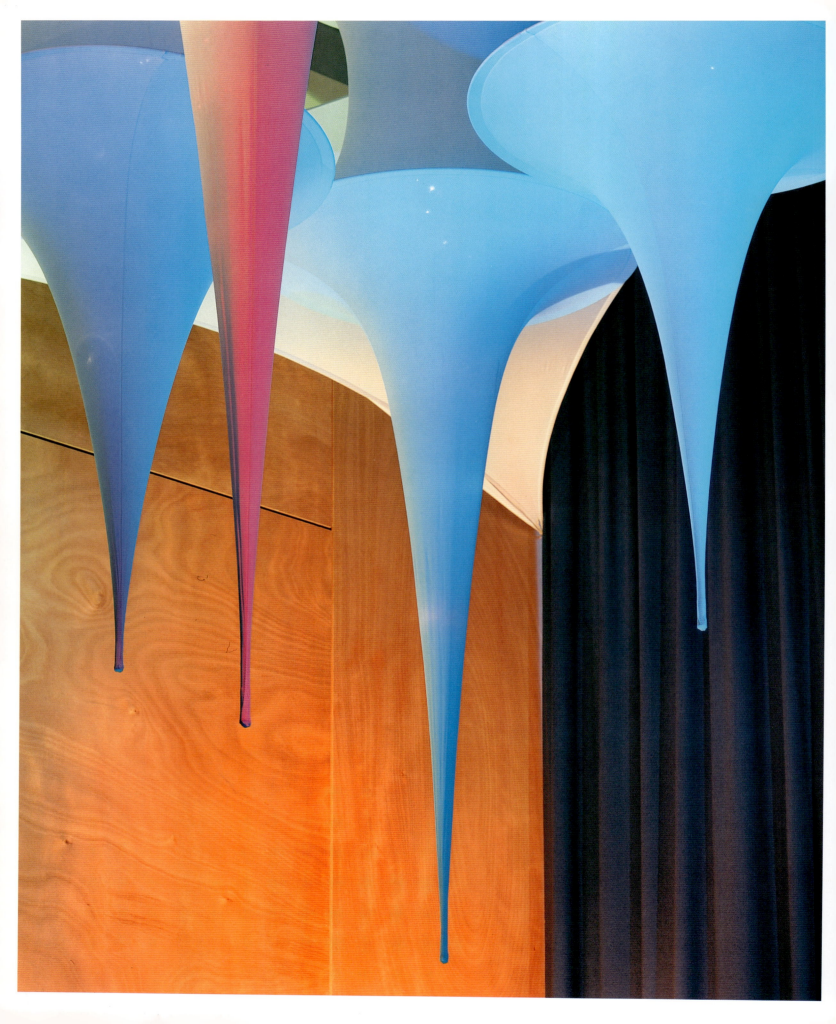

Gisela Stromeyer Design, Club Incognito, Zürich, 1998. Die fünf Laternen bestehen aus Stretchmaterial, das durch Fiberglasringe gespannt wurde.

Gisela Stromeyer Design, Club Incognito, Zurich, 1998. Les cinq lanternes sont en Spandex tendu sur des anneaux en fibre de verre.

Gisela Stromeyer Design, Club Incognito, Zürich 1998. De vijf lantaarns zijn gemaakt van elastaan rond ringen van glasvezel.

textile stoffe tissus stoffen

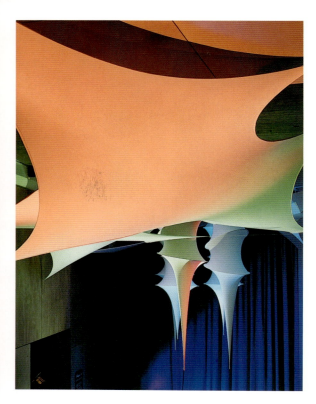

Gisela Stromeyer Design, Club Incognito, Zürich, 1998. Die an der Decke aufgehängten Stretchgewebe sind in drei Ebenen über die Bar gespannt.

Gisela Stromeyer Design, Club Incognito, Zurich, 1998. Les membranes en Spandex suspendues au plafond sont tendues au-dessus du bar en trois plans successifs.

Gisela Stromeyer Design, Club Incognito, Zürich 1998. Vanuit het plafond zijn de stoffen elementen in drie panelen boven de bar bevestigd.

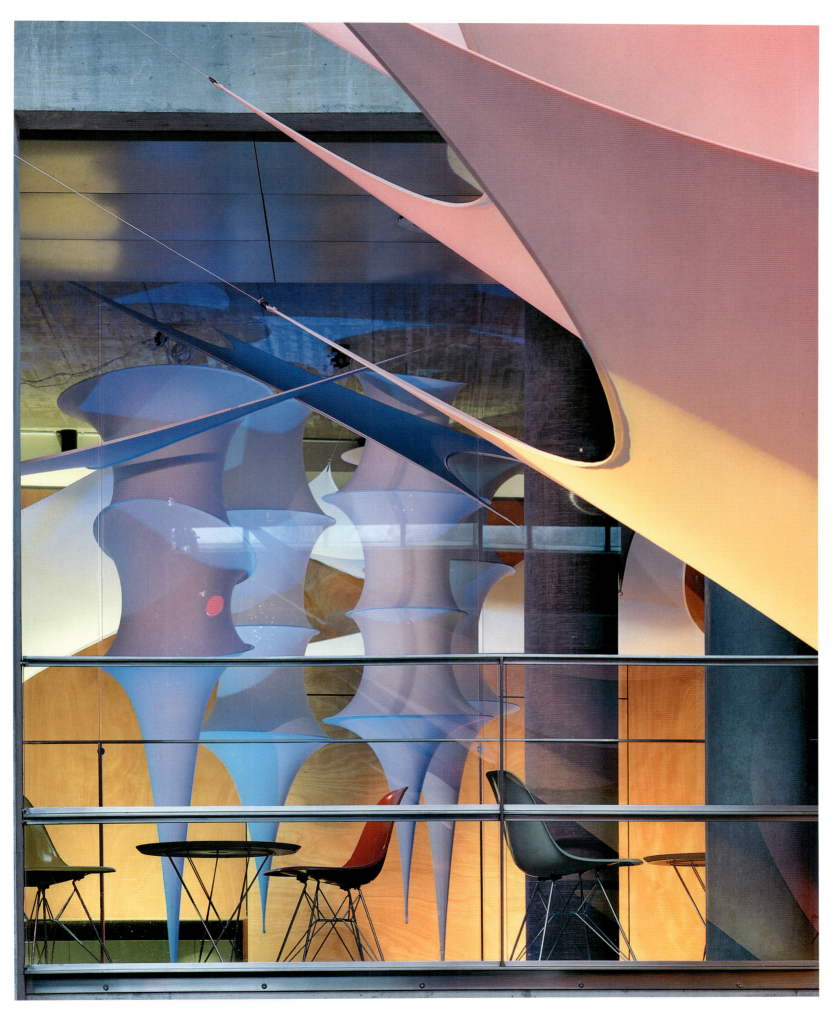

Rockwell Group, Cirque du Soleil, Orlando, Florida, 1999. Die stoffartige, dehnbare Dachhaut besteht aus teflonbeschichteter Glasfaser.

Rockwell Group, Cirque du Soleil, Orlando, Floride, 1999. La toile tendue est en fibre de verre enduite de Téflon.

Rockwell Group, Cirque du Soleil, Orlando, Florida 1999. De rekbare, op stof lijkende circustent is gemaakt van met teflon bedekte glasvezel.

textile stoffe tissus stoffen **145**

VORHERGEHENDE SEITE: STUDIOS Architecture, RiskMetrics Group, New York, 1999. VORLIEGENDE DOPPELSEITE: Turett Collaborative Architects, Tommy Boy Music, New York 1992. In diesem Hip-Hop-Tonstudio bestehen die Wände aus lichtdurchlässigen Acrylplatten in sichtbarer Holzrahmung.

PAGE PRÉCÉDENTE : STUDIOS Architecture, RiskMetrics Group, New York, 1999. CETTE DOUBLE PAGE : Turett Collaborative Architects, Tommy Boy Music, New York, 1992. Dans ces bureaux pour une marque de disques hip-hop, les murs sont en acrylique Lumasite translucide sur cadres de bois apparents.

VORIGE BLADZIJDE: STUDIOS Architecture, RiskMetrics Group, New York 1999. DEZE BLADZIJDEN: Turett Collaborative Architects, Tommy Boy Music, New York 1992. In dit kantoor van een hiphopplatenmaatschappij bestaan de wanden uit doorschijnend acryl met zichtbare houten omlijstingen.

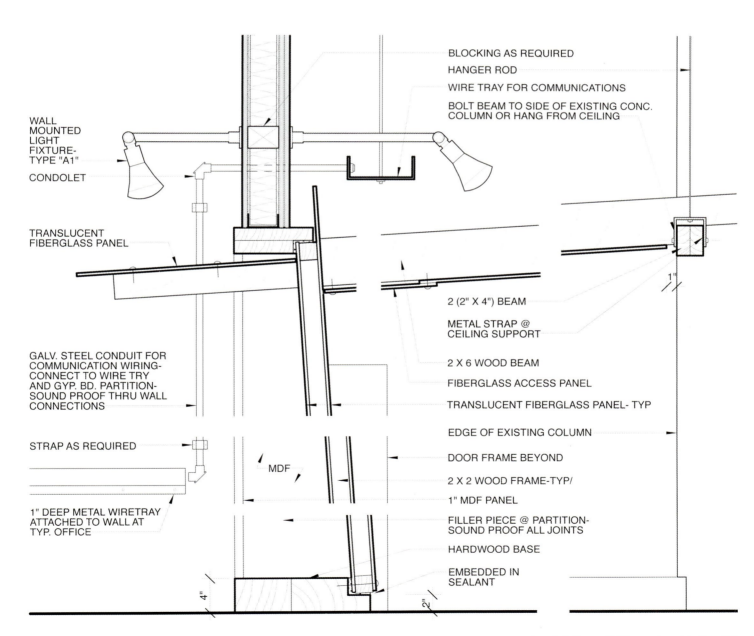

kunststoffe synthétiques kunststoffen 149

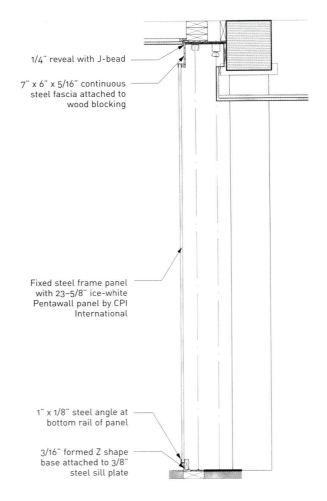

1/4" reveal with J-bead

7" x 6" x 5/16" continuous steel fascia attached to wood blocking

Fixed steel frame panel with 23–5/8" ice-white Pentawall panel by CPI International

1" x 1/8" steel angle at bottom rail of panel

3/16" formed Z shape base attached to 3/8" steel sill plate

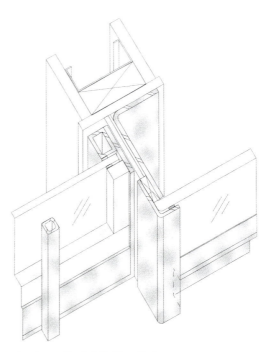

Architecture Research Office, Capital Z Büros, New York, 1998. Die Wände dieser Büroräume bestehen aus extrudierten Polykarbonattafeln, die üblicherweise für Außenelemente von Oberlichtern verwendet werden. Die individuell hergestellten Tafeln haben schwarze Stahlsprossen und Schiebetüren aus Klarglas mit eingesetzten Griffen aus Anigré-Holz.

Architecture Research Office, bureaux de Capital Z, New York, 1998. Les murs de ces bureaux sont en panneaux de polycarbonate extrudé, généralement utilisé pour les verrières extérieures. Les panneaux fabriqués spécialement sont à meneaux d'acier noirci et les portes coulissantes sont en verre à poignées en bois d'aniégré.

Architecture Research Office, kantoren Capital Z, New York 1998. De kantoorwanden bestaan uit naar voren springende panelen van polycarbonaat die doorgaans worden gebruikt in bovenlichten. De op maat gemaakte panelen hebben een zwart stalen omlijsting en schuifdeuren van helder glas met aningeriahouten inkepingen als handvatten.

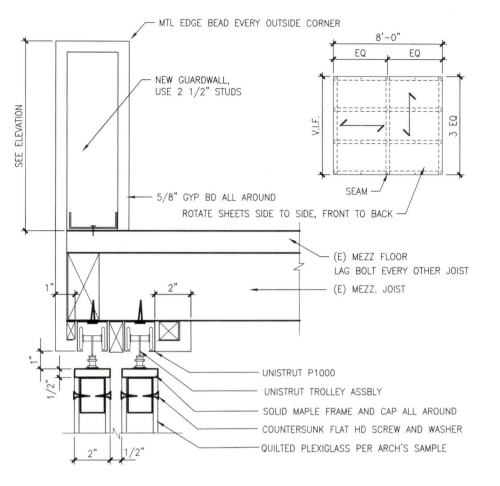

Holey Associates, Pomegranit, San Francisco, 1998. Der Versorgungsbereich dieser Post-Production-Firma ist hinter Schiebewänden verborgen. Diese bestehen aus zwei Schichten gegeneinander gerichteter Kunststoffplatten und sind in massivem Ahorn gerahmt.

Holey Associates, Pomegranit, San Francisco, 1998. Les locaux techniques de cette société de post-production de films sont masqués par des panneaux coulissants faits de deux plaques de Lumasite, chacune orientée en sens opposé et encadrées d'érable massif.

Holey Associates, Pomegranit, San Francisco 1998. De woonruimten achter het redactiebureau bevinden zich achter schuifpanelen bestaande uit twee lagen LUMAsite, elk in tegengestelde richting gedraaid en gevat in een massief esdoornen omlijsting.

kunststoffe synthétiques kunststoffen

Sidnam Petrone Gartner Architects, Büros der Firma Coty Corporate, New York, 2000. Frei eingestellte Konferenzräume sind mit Plexiglas und Verbundplatten mit Wabenkern verkleidet, die von einem hell gebeizten Holzrahmen gehalten werden.

Sidnam Petrone Gartner Architects, siège de Coty Corporate, New York, 2000. Des salles de conférences isolées sont délimitées par des panneaux en Plexiglas alvéolé fixés dans une ossature en bois teinté clair.

Sidnam Petrone Gartner Architects, kantoren van Coty Corporate, New York 2000. Vrijstaande vergaderzalen zijn omgeven door plexiglazen panelen met een honingraatmotief, gevat in omlijstingen van blank gelakt hout.

Helfand Architecture, Büroräume DoubleClick, New York, 1997. Als Kontrast zu den Arbeitsplätzen aus stark gemasertem Furnierstreifenholz bildet der gewellte Kunststoff eine lichtdurchlässige Trennwand zwischen Arbeitsbereichen und Privaträumen.

Helfand Architecture, bureaux de DoubleClick, New York, 1997. Contrastant avec des plans de travail en aggloméré Parallam très grainé, les murs en Resolite ondulée constituent des cloisons translucides entre les espaces de travail ouverts et les bureaux privés.

Helfand Architecture, kantoren van DoubleClick, New York 1997. De wanden van kunststof golfplaten staan in sterk contrast met de houten werkbladen met duidelijk zichtbare nerven. De kunststof wanden vormen een transparante verdeling tussen de open werkruimten en de afzonderlijke kamers.

VORHERGEHENDE DOPPELSEITE: Office for Metropolitan Architecture/Rem Koolhaas und Architecture Research Office, Prada-Geschäft, SoHo, New York, 2001. Eine Wand und die Decke aus gewelltem Kunststoff bilden den Hintergrund für aufgehängte Ausstellungsbehälter aus Maschendraht sowie einen wellenförmigen Fußboden aus Zebraholz.

DOUBLE PAGE PRÉCÉDENTE : Office for Metropolitan Architecture/Rem Koolhaas et Architecture Research Office, magasin Prada à SoHo, New York, 2001. Un mur et un plafond en plastique ondulé servent de toile de fond à des structures de présentation et à un sol ondulé en zebrano.

VORIGE BLADZIJDEN: Office for Metropolitan Architecture/ Rem Koolhaas en Architecture Research Office, Pradawinkel in SoHo, New York 2001. Een wand en plafond van kunststof golfplaten vormen de achtergrond voor hangende displays van metaalgaas en een gebogen vloer van zebranohout.

VORLIEGENDE DOPPELSEITE: David Ling Architect, Cabana, New York, 1998. Dieses Bürogebäude hat auf einer Seite des dreigeschosshohen Atriums und Treppenhauses einen Wasserfall, der über eine indirekt beleuchtete Wand aus gewellter Glasfaser fließt.

CETTE DOUBLE PAGE : David Ling Architect, Cabana, New York, 1998. L'atrium et les escaliers sont bordés sur trois niveaux d'une cascade qui s'écoule sur un mur incliné en plaques de fibre de verre ondulées et rétro-éclairées.

DEZE BLADZIJDEN: David Ling Architect, Cabana, New York 1998. De drie verdiepingen tellende atrium en trappen van het kantoor bevatten aan één kant een waterval die over een gevouwen wand van glasvezel golfplaten stroomt.

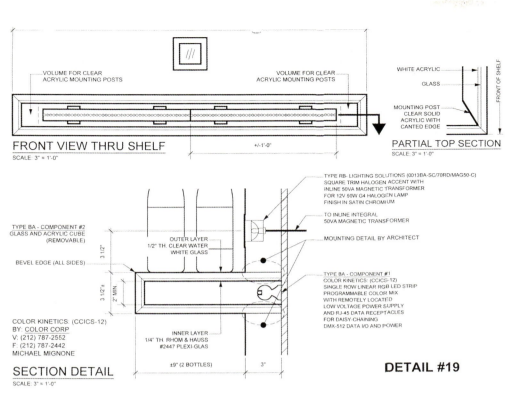

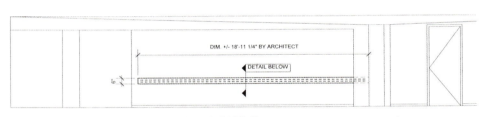
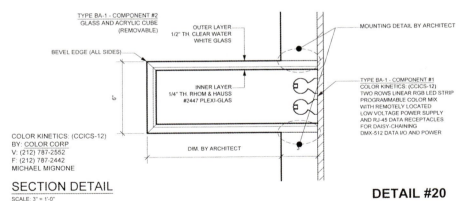

VORHERGEHENDE SEITE: Davis Brody Bond, Valeo Thermal Systems, nordamerikanischer Hauptsitz und Technikzentrum, Auburn Hills, Michigan, 1998.

PAGE PRÉCÉDENTE : Davis Brody Bond, siège et centre technique de Valeo Thermal Systems pour l'Amérique du nord, Auburn Hills, Michigan, 1998.

VORIGE BLADZIJDE: Davis Brody Bond, Valeo Thermal Systems, Noord-Amerikaans hoofdkwartier en technisch centrum, Auburn Hills, Michigan 1998.

VORLIEGENDE DOPPELSEITE: Pasanella + Klein Stolzman + Berg Architects, Shoreham Hotel, New York, 2000. Um Gäste zum Eintreten zu animieren strahlen zahlreiche Glasflächen und -volumen intensive Farben aus.

CETTE DOUBLE PAGE : Pasanella + Klein Stolzman + Berg Architects, hôtel Shoreham, New York, 2000. Conçue pour inciter les clients à s'avancer, des plans et des volumes de verre émettent des couleurs intenses.

DEZE BLADZIJDEN: Pasanella + Klein Stolzman + Berg Architects, het Shoreham Hotel, New York 2000. Uit een reeks glazen vlakken en objecten schijnt gekleurd licht met de bedoeling de gasten naar de ruimten te trekken.

glas verre glas 165

Archi-Tectonics, Loft in der Wooster Street, New York, 1998. Das Apartment ist innen durch eine Facettenwand aus Edelstahlrahmen und lichtdurchlässigem Sumi-Zierglas gegliedert.

Archi-Tectonics, loft de Wooster Street, New York, 1998. L'intérieur de l'appartement s'articule autour d'un mur facetté en panneaux de verre Sumi translucide soutenu par une armature en acier inoxydable.

Archi-Tectonics, loft in Wooster Street, New York 1998. Het interieur van dit appartement is georganiseerd rond een roestvrijstalen frame met panelen van doorschijnende sumiglas (Japans rijstpapier tussen twee stukken gelamineerd glas).

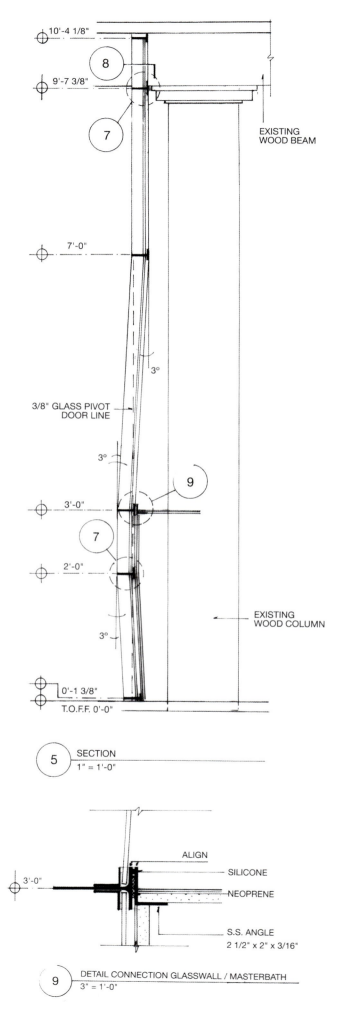

166 glas verre glas

Gabellini Associates, Apartment in der Park Avenue, New York, 1998. Das Bad ist als frei stehender Raum behandelt, der von leuchtenden Glaswänden als Kontrast zu schwarzen Volumen aus gestreiftem Mahagoniholz umschlossen ist.

Gabellini Associates, appartement sur Park Avenue, New York, 1998. La salle de bains est traitée en espace autonome défini par des parois de verre lumineux qu'encadrent des rubans d'acajou noir venant en contrepoint.

Gabellini Associates, appartement in Park Avenue, New York 1998. De badkamer is een vrijstaande ruimte omgeven door wanden van helder glas en zwarte objecten van mahonie.

Gabellini Associates, Ausstellungsraum Jil Sander, Hamburg, 1997. Die weißen Türen und Spiegel sind aus eisenarmem Glas und werden von Rahmen mit dünnen Profilen aus Alpaka gehalten.

Gabellini Associates, showroom Jil Sander, Hambourg, 1997. Les portes blanc laiteux et les miroirs sont en verre à faible teneur en fer pris dans de minces cadres de maillechort.

Gabellini Associates, showroom Jill Sander, Hamburg 1997. De witte deuren en spiegels zijn van glas met een laag ijzergehalte gedragen door dunne omlijstingen van nikkelmessing.

Machado and Silvetti Associates, Lippincott & Margulies, New York, 1998. Schwarze Stahlrahmen tragen eine Wand aus blauen, durchscheinenden, klaren und sandgestrahlten Glastafeln.

Machado and Silvetti Associates, Lippincott & Margulies, New York, 1998. Une ossature en acier noirci forme une paroi de panneaux de verre translucide bleu, transparent ou sablé.

Machado and Silvetti Associates, Lippincott & Margulies, New York 1998. Zwartstalen omlijstingen dragen een wand van doorschijnend blauwe, heldere en gezandstraalde panelen.

VORLIEGENDE DOPPELSEITE: MSM Architects, Ausstellungsraum für USM-Möbel, New York, 2002. Vier Schichten aus Starfire-Glas mit einer durchscheinenden Zwischenschicht bilden die Setz- und Trittstufen dieser Treppe, die von innen erleuchtet sind. FOLGENDE DOPPELSEITE: MSM Architects, Ausstellungsraum für USM-Möbel, New York, 2002. Die Konstruktion der Treppe ist unsichtbar; jede Stufe wurde um etwa 10 cm von der Seitenwand aus Hartglas abgesetzt, um die Wirkung statischer Unabhängigkeit zu unterstreichen.

CETTE DOUBLE PAGE: MSM Architects, showroom des meubles USM, New York, 2002. Quatre panneaux en verre Starfire à couche intermédiaire translucide forment les marches et contremarches de cet escalier, éclairées de l'intérieur. DOUBLE PAGE SUIVANTE: MSM Architects, showroom des meubles USM, New York, 2002. Les supports de l'escalier sont dissimulés et chaque marche en retrait d'environ 10 cm par rapport aux parois latérales en verre trempé affirme son indépendance structurelle.

DEZE BLADZIJDEN: MSM Architects, showroom van USM Furniture, New York 2002. Vier lagen Starfireglas met een doorschijnende tussenlaag vormen de traptreden, die van binnenuit worden verlicht. VOLGENDE BLADZIJDEN: MSM Architects, showroom van USM Furniture, New York 2002. De ondersteuning van de trap is verborgen en elke trede springt 10 cm terug van de glazen zijwand om een soort van bouwkundige onafhankelijkheid weer te geven.

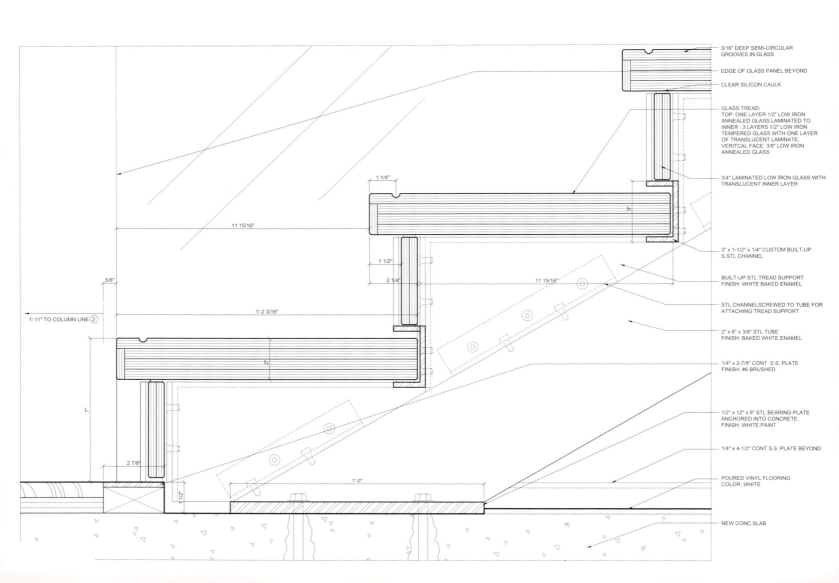

Gluckman Mayner Architects, Boutique Katayone Adeli, New York, 1999. Gebeizte Furnierplatten und durchscheinende Glaswände trennen die Umkleidekabinen vom allgemeinen Geschäftsbereich ab.

Gluckman Mayner Architects, boutique Katayone Adeli, New York, 1999. Des panneaux en contreplaqué teint et des cloisons en verre translucide séparent les cabines d'essayage du reste du magasin.

Gluckman Mayner Architects, winkel van Katayone Adeli, New York 1999. Geverfde panelen van multiplex en melkglaswanden scheiden de kleedkamers van de rest van de winkel.

Peter Marino + Assoc. Architects, Chanel-Geschäft, London, 2002. Die Wände und Decken mit LED-Leuchten bestehen aus zwei Schichten von eisenarmem Glas mit einer Zwischenschicht aus gefritteter Keramik. Die Wand zeigt eine Andeutung des Chanel-Logos und kann für verschiedene andere visuelle Darstellungen programmiert werden.

Peter Marino + Assoc. Architects, magasin Chanel, Londres, 2002. Les murs et les plafonds éclairés par LEDs sont à double épaisseur de verre à faible teneur en fer et couche intermédiaire en céramique frittée. Les parois diffusent une image floue du logo Chanel mais peuvent être programmées pour reproduire une grande variété de visuels.

Peter Marino + Assoc. Architects, Chanelwinkel, Londen 2002. De wanden en het plafond met led-verlichting bestaan uit twee lagen glas met een laag ijzergehalte, met een keramische laag ertussen. Het scherm toont een vaag beeld van het Chanel-logo en kan dusdanig worden geprogrammeerd dat allerlei andere visuele beelden worden vertoond.

Peter Marino + Assoc. Architects, Chanel-Geschäft, Osaka, Japan, 2001. Die Vorhangfassade aus eisenarmem Klarglas enthält eine weiße Zwischenschicht aus Keramik. Dadurch ist eine Außenfläche für wechselnde Texte und Bilder entstanden.

Peter Marino + Assoc. Architects, magasin Chanel, Osaka, Japon, 2001. Le mur-rideau en verre clair à faible teneur en fer contient une couche de céramique, qui crée une surface illuminée diffusant textes et images.

Peter Marino + Assoc. Architects, Chanelwinkel, Osaka, Japan 2001. Een glazen wand bevat een keramische tussenlaag waardoor een actief oppervlak ontstaat met led-verlichting, zodat diverse teksten en beelden kunnen worden getoond.

CHANEL

François de Menil, Architekt, Byzantine Fresco Chapel Museum, Houston, 1997. Wie eine in einen schwarzen Kasten gestellte Bühnendekoration sind matte Verbundglastafeln an Stahlrohren befestigt. Entfernt erinnert dies an die originale Platzierung der gezeigten Freskos.

François de Menil, architecte, Musée des fresques de la chapelle byzantine, Houston, 1997. Comme un décor sur une scène, les plaques de verre lamifié givré sont fixées à des tuyaux d'acier qui évoquent le cadre d'origine des fresques exposées.

François de Menil, architect, Byzantine Fresco Chapel Museum, Houston 1997. Net als een toneel dat is opgebouwd in een zwarte doos, zijn hier gelamineerde stukken matglas vastgeklemd aan stalen buizen, die een passende omgeving vormen voor de getoonde fresco's.

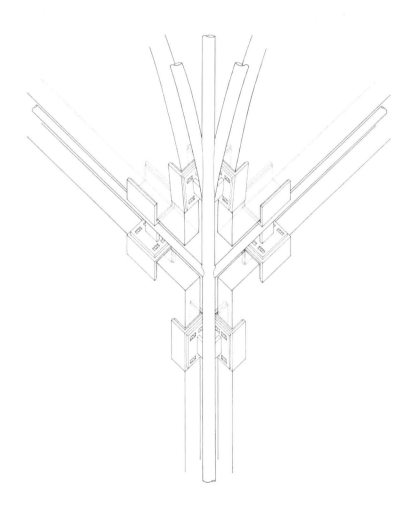

glas verre glas **185**

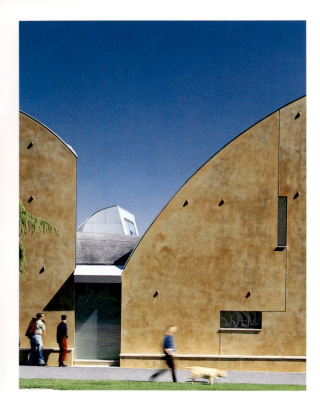

Steven Holl Architects, Kapelle St. Ignatius, Seattle, Washington, 1997. Der Prozessionsweg der Kapelle führt am Taufbecken vorbei, das von einer daneben stehenden durchscheinenden Glastafel belichtet wird.

Steven Holl Architects, chapelle St. Ignatius, Seattle, Washington, 1997. Le cheminement à travers la chapelle débute par les fonts baptismaux éclairés par une paroi de verre translucide.

Steven Holl Architects, St.-Ignatiuskapel, Seattle, Washington, 1997. De processieweg van de kapel loopt langs de doopvont die wordt verlicht door het paneel van melkglas ernaast.

Steven Holl Architects, Cranbrook Institute of Science, Bloomfield Hills, Michigan, 1999. Sonnenlicht fällt durch die sieben verschiedenen Glasarten der Fenster und Oberlichter in die Vorhalle, wodurch unterschiedliche Lichteffekte auf den weißen Putzwänden im Innern entstehen.

Steven Holl Architects, Cranbrook Institute of Science, Bloomfield Hills, Michigan, 1999. La lumière solaire traverse les sept types de verre des fenêtres et verrières du vestibule de l'entrée pour créer une gamme d'effets lumineux sur les murs intérieurs traités en plâtre blanc.

Steven Holl Architects, Cranbrook Institute of Science, Bloomfield Hills, Michigan 1999. Zonlicht komt door zeven verschillende soorten glas in de vensters en bovenlichten de entree binnen, waardoor diverse lichteffecten ontstaan op de gepleisterde wanden.

glas verre glas **189**

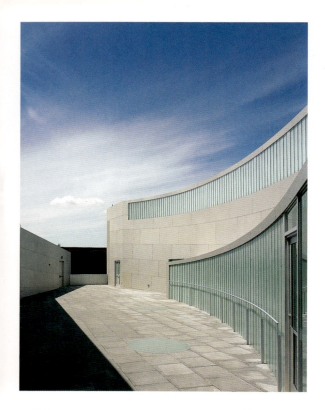

Steven Holl Architects, Bellevue Art Museum, Bellevue, Washington, 2001. Die gekrümmte Wand der Dachterrasse aus Glasplatten versorgt die dahinter liegende Treppe mit Licht.

Steven Holl Architects, Bellevue Art Museum, Bellevue, Washington, 2001. Le mur incurvé en lattes de verre de la terrasse sur le toit éclaire un escalier intérieur.

Steven Holl Architects, Bellevue Art Museum, Bellevue, Washington 2001. De gebogen wand van glazen planken op het dakterras laat licht schijnen op een trap erachter.

Danksagung

Wir sind vielen Menschen verpflichtet, deren Hilfe zur Entstehung dieses Buches unverzichtbar war. Bei Rockport Publishers gilt unser Dank Ken Fund und Winnie Prentiss für ihre große und uneingeschränkte Unterstützung, das in uns gesetzte Vertrauen und die uns gewährten kreativen Freiheiten. Besonderer Dank gebührt Doug Dolezal für die großzügige Überlassung von Bildern. James McCown und Lisa Pascarelli sind wir sehr dankbar für ihre bereitwillige Mitarbeit in den kritischen Phasen der Redaktion und Herstellung. Ohne die von Rodolfo Machado und Jorge Silvetti geleistete Hilfe wäre dieses Projekt nie verwirklicht worden. Paul Warchol, der uns sein umfangreiches Fotoarchiv zur Verfügung stellte, können wir nur aufrichtigsten Dank und Respekt vor seiner Arbeit ausdrücken. Bei vielen Besuchen in seinem Atelier und bei Durchsicht der unendlich vielen Fotos seiner Bestände waren wir auf die freundliche Unterstützung von Amy Barkow, Gabrielle Bendiner-Viani, Michele Convery, Bilyana Dimitrova und Ursula Warchol angewiesen. Und vor allem sind wir den kreativen Kräften verpflichtet, denen wir die von uns gezeigten Details verdanken – einer Zahl von Architekten und Designern, die zu groß ist, um hier aufgeführt zu werden. Jedem von ihnen gebührt unser herzlicher Dank.

Remerciements

Nous sommes redevables à de nombreuses personnes dont l'aide nous a été indispensable dans la préparation de ce livre. Chez Rockport Publishers, nous remercions en particulier Ken Fund et Winnie Prentiss pour leur soutien franc et inconditionnel, la confiance qu'ils ont placée en nous, et la liberté créative qu'ils nous ont accordée. Nos remerciements les plus sincères vont à Doug Dolezal pour nous avoir généreusement procuré tant d'images. À James McCown et Lisa Pascarelli, nous sommes particulièrement reconnaissants de leur disponibilité aux moments les plus délicats de l'édition et de la production. Rodolfo Machado et Jorge Silvetti ont apporté un soutien sans lequel cet ouvrage n'aurait jamais vu le jour. À Paul Warchol, qui a ouvert ses vastes archives photographiques, nous ne pourrons jamais assez témoigner de notre reconnaissance ni de notre respect pour son œuvre. Au cours de plusieurs visites à son studio et pendant que nous plongions parmi ses milliers et milliers d'images, nous dépendions de l'aimable assistance d'Amy Barkow, Gabrielle Bendiner-Viani, Michele Convery, Bilyana Dimitrova et Ursula Warchol. Et par dessus tout nous restons en dette envers les créateurs de ces détails que nous présentons, c'est-à-dire à des architectes et designers si nombreux que nous ne pouvons tous les citer. Chacun mérite nos remerciements les plus chaleureux.

Dankbetuiging

Wij zijn dank verschuldigd aan tal van mensen zonder wier hulp we dit boek niet hadden kunnen maken. Bij Rockport Publishers gaat onze dank uit naar Ken Fund en Winnie Prentiss voor hun enorme en onvoorwaardelijke steun, het vertrouwen dat zij in ons hadden en de creatieve vrijheid die zij ons toestonden. Speciale dank gaat uit naar Doug Dolezal voor de vele foto's die hij ons bezorgde. Aan James McCown en Lisa Pascarelli zijn wij veel dank verschuldigd voor hun bereidheid te helpen bij de stressvolste momenten van het redactiewerk en productieproces. Rodolfo Machado en Jorge Silvetti voorzagen in steun zonder welke dit project nooit van de grond was gekomen. We kunnen niet genoeg dank zeggen en onze waardering voor zijn werk uiten aan Paul Warchol die zijn enorme databank met beeldmateriaal voor ons openstelde. Tijdens de vele tochtjes naar zijn atelier en het rondstruinen door de duizenden foto's in zijn archief werden wij geholpen door Amy Barkow, Gabrielle Bendiner-Viani, Michele Convery, Bilyana Dimitrova en Ursula Warchol. De meeste dank zijn we verschuldigd aan de creatieve breinen achter de details die we hebben laten zien – een lijst van architecten en ontwerpers die te lang is om hier op te sommen. Elk van hen verdient onze oprechte dank.